MARRAKECH

PATRIMOINE EN PÉRIL

DU MÊME AUTEUR

Les Jardins de Marrakech, Actes Sud, 2000.

ISBN 2-7427-3830-4

Photographie de couverture :
La poterne de Marrakech, DR

Mohammed El Faïz

MARRAKECH

PATRIMOINE EN PÉRIL

ACTES SUD / EDDIF

A la mémoire d'Aziz Belal,
de Germain Ayache
et d'Ahmed El Gharbaoui.

Il faut arrêter le marteau qui mutile la face du pays. Une loi suffirait ; qu'on la fasse. Quels que soient les droits de la propriété, la destruction d'un édifice historique et monumental ne doit pas être permise à ces ignobles spéculateurs que leur intérêt aveugle sur leur honneur ; misérables hommes, et si imbéciles qu'ils ne comprennent même pas qu'ils sont barbares ! Il y a deux choses dans un édifice, son usage et sa beauté ; son usage appartient au propriétaire, sa beauté à tout le monde, à vous, à moi, à nous tous. Donc, le détruire c'est dépasser son droit.

VICTOR HUGO,
Guerre aux démolisseurs ! (1825-1832).

SOMMAIRE

INTRODUCTION :
Du génie urbain à la mémoire des eaux 15

PREMIÈRE PARTIE : URBANISME ET PATRIMOINE URBAIN A MARRAKECH : LA FIN DES HÉRITAGES ? 19

CHAPITRE I : Un urbanisme sans urbanité................................ 21
I. La question des archives.. 21
II. Le gâchis urbanistique 28
Trois erreurs urbanistiques.. 29
Une multitude d'horreurs architecturales.................... 34
III. Le paysage défiguré................. 36
IV. Une ville empêtrée dans ses douars 40
Le phénomène émergent des douars 42
Une planète de douars au cœur de la ville 43
L'Etat face au phénomène des douars : du "tout sécuritaire" au "tout technique" 45
Comment réconcilier la ville avec ses douars ?............. 49

CHAPITRE II : Le patrimoine architectural et artisanal : entre spéculation et pauvreté................ 55
I. Grandeur et décadence des fondouks-caravansérails 55
Les fondouks de Marrakech : des origines à 1912......... 56
Pendant le protectorat (1912-1956) : vers un habitat précaire.. 61
De 1956 à nos jours : le phénomène de la "fondoukisation".. 62
Enquêter sans agir 67
Le devenir des fondouks de Marrakech 71
II. L'artisanat dans la médina : un patrimoine à préserver........ 75
Une notion encore à définir 75
Une activité chargée d'histoire.. 76

Des chiffres et des maux 77
Précarité de la condition artisanale 79
Un patrimoine en éveil, malgré la crise 81

CHAPITRE III : Le modèle de la cité-jardin : entre crises et promesses 83
I. Un modèle urbain inspiré par l'art des jardins 85
II. Le patrimoine des espaces verts à l'épreuve de l'urbanisation 90
Des origines à 1912 90
De 1912 à 1956 94
De 1956 à nos jours 96
III. Eléments d'un Plan vert pour la médina 99
La dégradation du patrimoine de la cité-jardin 100
Objectifs et fonctions du projet de replantation 101
Points d'appui du Plan vert de la médina 102
La sauvegarde du patrimoine des arbres extraordinaires 105
Le réaménagement des latrines et des cours des fondouks 106
La restauration du jardin historique du Maristân 107
L'aménagement paysager des places publiques 107
Le projet de replantation : une utopie réalisable 108

SECONDE PARTIE : LA CIVILISATION DE L'EAU CONFRONTÉE A LA POLITIQUE DES BARRAGES 111

CHAPITRE I : La grande hydraulique dans le Haouz : des rêves de Californie et de Provence 113
I. L'eau dans le Haouz : une histoire de longue durée 113
Aux origines de la civilisation de l'eau 118
De la sâniya *à la* khettara *: la prééminence des eaux cachées* 119
Le temps des grands canaux almohades 120
Performances de la civilisation de l'eau 122
II. Le projet hydraulique colonial et les héritages de la société locale 124
La seguia Ya'qûbiyya : huit siècles d'histoire d'un canal almohade 125
Origines et caractéristiques du canal Ya'qûbiyya 125
L'époque coloniale, ou le nouvel habillage d'un réseau traditionnel 126
De l'indépendance à nos jours 128
Le projet de transfert des eaux de l'Est : une idée des ingénieurs coloniaux 131
La controverse Brunhes-Martin 132
L'évolution de l'idée du transfert des eaux depuis l'indépendance 134

III. Le bilan controversé de la politique des barrages........ 138
Les orientations du plan d'aménagement hydro-agricole du Haouz 140
Le financement des barrages : une contrainte majeure 145
Signification et portée d'un aménagement régional 148
Entre l'incertitude des bilans et les rigueurs de l'ajustement 150
La question de l'envasement des barrages................ 151
La difficile jonction entre la technique et le social 153
Le Haouz à l'heure des ajustements.......................... 156
De l'aménagement au "ménagement" des eaux du Haouz .. 161

CHAPITRE II : A la recherche de la mémoire des eaux du Haouz..... 165
I. Patrimoine hydraulique et développement de Tamesloht 165 167
Tamesloht : un espace d'ingénierie hydraulique 167
Un patrimoine hydraulique riche et diversifié 168
L'invention du système des tours élévatrices de l'eau.....
Un patrimoine hydraulique au service du développement local.. 169
II. Patrimoine hydraulique et développement de la montagne du Haouz 171
De la petite et moyenne hydraulique à la notion de patrimoine hydraulique 172
Origine et évolution du patrimoine hydraulique montagnard 173
Quel devenir pour l'hydraulique de montagne ? 176
III. Les *khettara* de Marrakech : un patrimoine à préserver..... 177
Naissance et évolution des khettara *de Marrakech (1100-1912)*.. 178
Les khettara *à l'époque du protectorat (1912-1956)*...... 181
Depuis l'indépendance 184
Pour un plan de sauvegarde des khettara 185

CONCLUSION :
Marrakech demain : avec ou sans patrimoines ? 187

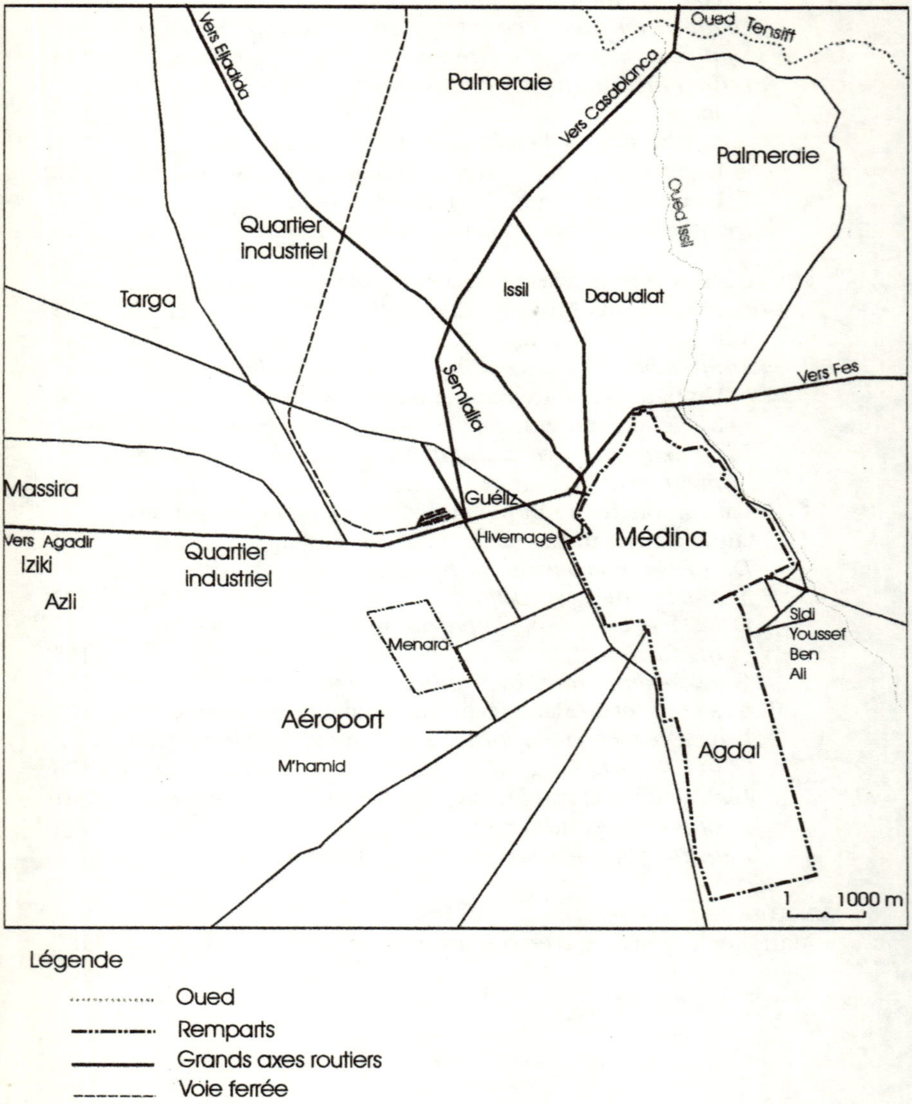

Marrakech, carte générale.

(Source : Saïd Boujrouf, département de géographie, faculté des lettres, Marrakech.)

INTRODUCTION

DU GÉNIE URBAIN A LA MÉMOIRE DES EAUX

Marrakech, fondée en 1071, a su se distinguer au cours des siècles par son génie urbain et ses cultures de l'eau. Son patrimoine architectural, si dense, si riche et si varié, est aujourd'hui menacé non seulement par la négligence, mais aussi par les transactions immobilières, l'urbanisation et la misère humaine.

Il y a, d'un côté, la puissance d'un lobby qui cherche à exploiter, par les moyens les plus sophistiqués (Internet), l'image de la ville et sa notoriété internationale afin de servir ses intérêts immédiats. Peu importe la composition de ce lobby, s'il agit à visage découvert ou non. L'essentiel est que nous avons affaire à des individus de tout bord qui ont fait du patrimoine de la ville l'objet de leurs spéculations. Deux exemples suffisent pour montrer l'arrogance de ce lobby et sa détermination : l'urbanisation de la Palmeraie qui était protégée par un dahir (ou décret royal) remontant à 1929 et la liquidation d'une grande partie du patrimoine architectural de la médina (*riyâd*, *dâr*, fondouks-caravansérails...). N'oublions pas que pour arriver à ce but, il a fallu remodeler la carte électorale de la ville et bénéficier de la complicité de certains conseils municipaux entièrement acquis à la cause de ce que Françoise Choay appelle judicieusement le "vandalisme patrimonial[1]".

Certes, Marrakech a eu, au cours de ses neuf siècles d'histoire, des moments de crise, voire de repli. Mais son génie urbain n'a pas cessé pour autant d'agir et de créer des monuments qui forcent aujourd'hui même notre admiration. Lorsqu'en 1985 l'Unesco a opté pour le classement de la cité historique comme patrimoine universel de l'humanité, le plus grand optimisme était permis. On s'attendait à l'ouverture de grands chantiers d'études, de

1. F. Choay, *L'Allégorie du patrimoine*, éd. du Seuil, Paris, 1999.

conservation, de restauration et de recyclage des trésors culturels que recèle la ville. A part une ou deux opérations d'éclat, le bilan des quinze années de classement est plutôt décevant. Non seulement la ville a été amputée d'un organe vital pour tempérer son climat et conserver sa biodiversité (la Palmeraie), mais elle a vu se réduire dangereusement la surface de ses jardins historiques et de ses espaces vivriers. La médina a elle-même beaucoup souffert des multiples dégradations et mutilations de son tissu urbain.

Tous ces actes – conscients ou inconscients – de destruction et de dénaturation ont profité soit du vide juridique, soit du laxisme de l'Etat et des municipalités, soit encore du contrôle formel et inefficace des institutions qui ont en charge la protection du patrimoine urbain – ou de tous ces éléments à la fois.

Face au lobby que je viens de mentionner se trouvent, de l'autre côté de la barrière, des hommes de bonne volonté et de grandes qualités intellectuelles et humaines, des hommes et des femmes conscients de la valeur du patrimoine de Marrakech, mais qui agissent en rangs dispersés. On ne compte pas le nombre de rencontres organisées pour réclamer le "sauvetage" de la médina. Mais il s'agit la plupart du temps d'actions sans lendemain. La recherche universitaire, quant à elle, semble dynamique malgré son isolement et la faiblesse de ses moyens. Elle ne trouve malheureusement pas un journalisme d'investigation capable de l'épauler, de vulgariser ses résultats et de mobiliser l'opinion publique autour des grands dossiers du patrimoine et des enjeux que représentent sa sauvegarde et sa valorisation.

C'est ce constat d'impuissance et la volonté de mettre à la disposition du lecteur les éléments d'une réflexion dispersée dans des publications diverses (ouvrages collectifs, journaux...) qui m'ont poussé à écrire ce livre, *Marrakech : patrimoine en péril*. Plutôt que de "patrimoine", on pourrait ici, au demeurant, parler de "patrimoines" au pluriel. Car, au-delà de l'héritage monumental de la ville, il m'a paru important d'attirer l'attention sur l'immense gisement de valeurs patrimoniales que représentent son arrière-pays agricole, le Haouz, et sa célèbre chaîne de montagnes, le Haut-Atlas. Ici, c'est toute une civilisation de l'eau qui se trouve menacée, à la fois par la greffe irréfléchie des modèles hydrauliques de la Californie ou de la Provence française et par la dégradation de l'écosystème montagnard.

Ce qui sera mis en cause dans ce livre, c'est un modèle d'aménagement centralisateur et technocratique. Un modèle qui

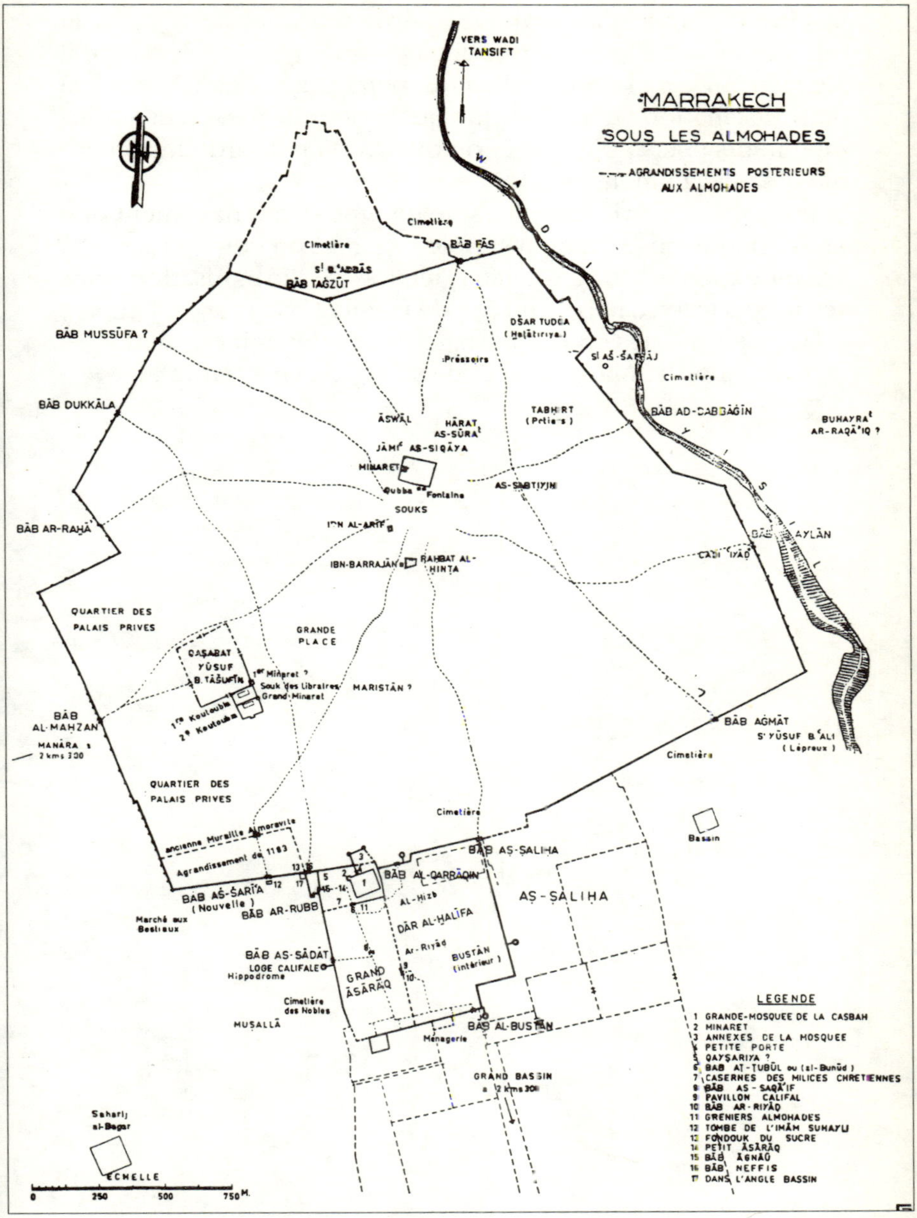

Marrakech sous les Almohades.

(Source : G. Deverdun, Marrakech des origines à 1912, *Editions techniques nord-africaines, Rabat, 1957.)*

– quel que soit le domaine où il a eu à imposer sa logique, à la ville comme à la campagne – n'a fait aucune place à la participation des populations locales aux prises de décision. Il a eu tendance à exclure, au lieu de chercher à intégrer. Et au-delà de la fascination technologique qu'il continue à exercer sur les ingénieurs et les politiques, son bilan s'avère lourd, financièrement et socialement.

Pour examiner les résultats de ce type d'aménagement étatique, on propose un plan simple organisé en deux parties, où seront exposés tour à tour la question de l'urbanisation dans ses rapports avec le patrimoine de la ville (Ire partie) et l'impact de la politique des grands barrages sur le devenir des héritages hydrauliques de Marrakech et de sa région (IIde partie).

Première partie

URBANISME ET PATRIMOINE URBAIN A MARRAKECH : LA FIN DES HÉRITAGES ?

CHAPITRE I

UN URBANISME SANS URBANITÉ

A Marrakech, la greffe des modèles urbains importés a produit une architecture sans âme, symbolisée par des immeubles qui s'étagent de toute leur laideur, n'importe où et n'importe comment, défiant les règles de l'art et les canons de l'esthétique. Les promoteurs de cet urbanisme fin de siècle (responsables de l'urbanisme, architectes, entreprises de bâtiment et de travaux publics, agences immobilières, etc.) se veulent modernes. Ils sont fascinés par tout ce qui brille et offre l'apparente solidité du béton.

L'examen de l'état des archives urbaines nous montrera à quel point la coupure avec les modèles architecturaux du passé est consommée. Puis l'on étudiera les fondements mêmes de cette nouvelle architecture qui, partout où elle plante ses décors, défigure les paysages caractéristiques de la ville et, au lieu d'intégrer, exclut et marginalise le plus grand nombre.

I. LA QUESTION DES ARCHIVES

Les archives, prises dans leur sens le plus large, sont aux pays et aux villes ce que la mémoire est aux êtres humains. Souvent enfouies dans des caves poussiéreuses et abandonnées aux ravageurs, elles contiennent ce qu'il y a de fondamental dans une culture et une civilisation : son code génétique. Sans la présence de ces documents, comment reconstituer le passé, lointain ou proche ? Comment écrire l'histoire d'un pays, d'une ville ou d'une communauté ?

Au soir de la mondialisation, où tous les chats sont supposés gris, un des critères du développement humain doit être, à

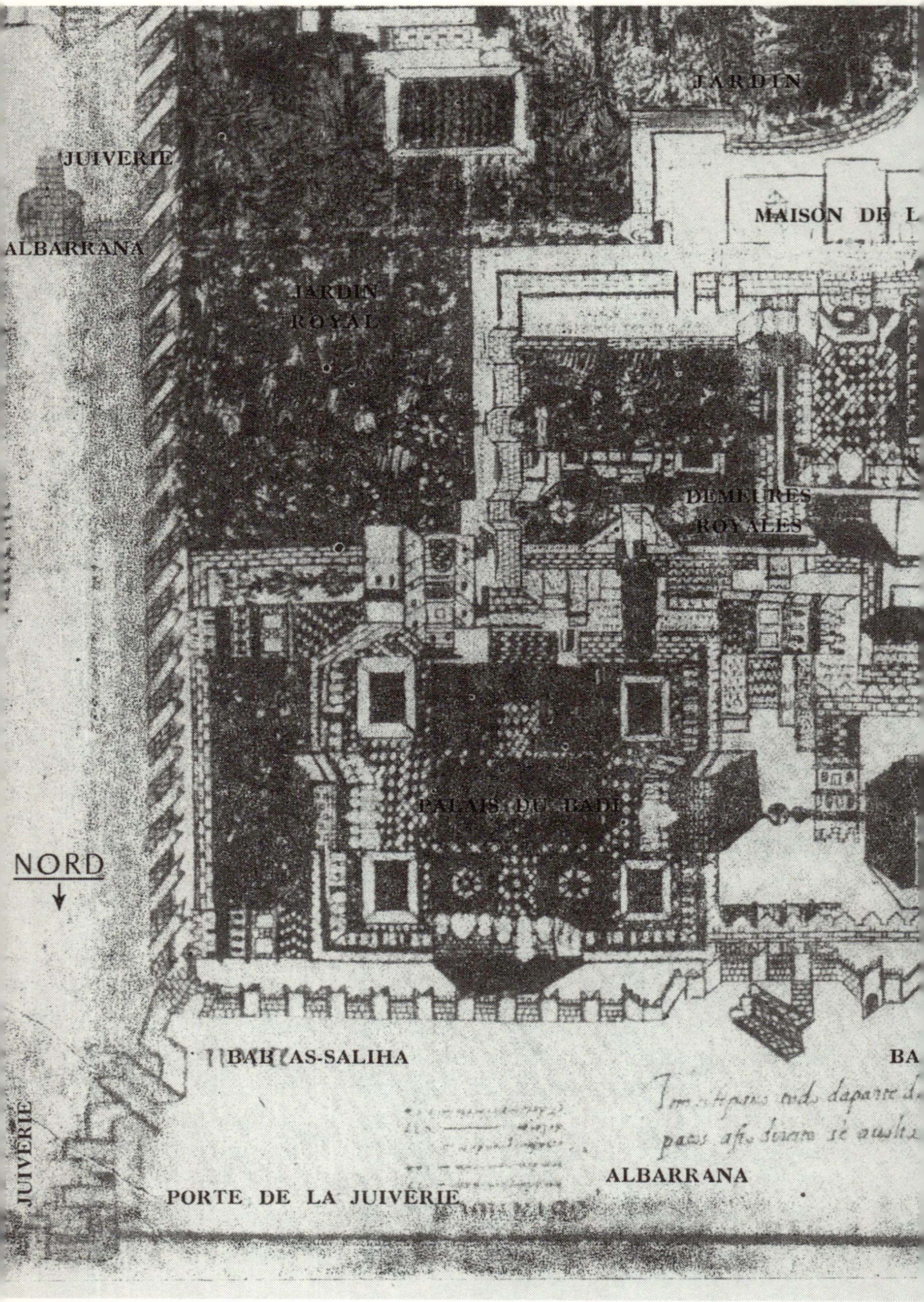
JARDIN
JUIVERIE
MAISON DE L
ALBARRANA
JARDIN ROYAL
DEMEURES ROYALES
PALAIS DU BADI
NORD
BAB AS-SALIHA
BA
JUIVERIE
ALBARRANA
PORTE DE LA JUIVERIE

Plan portug

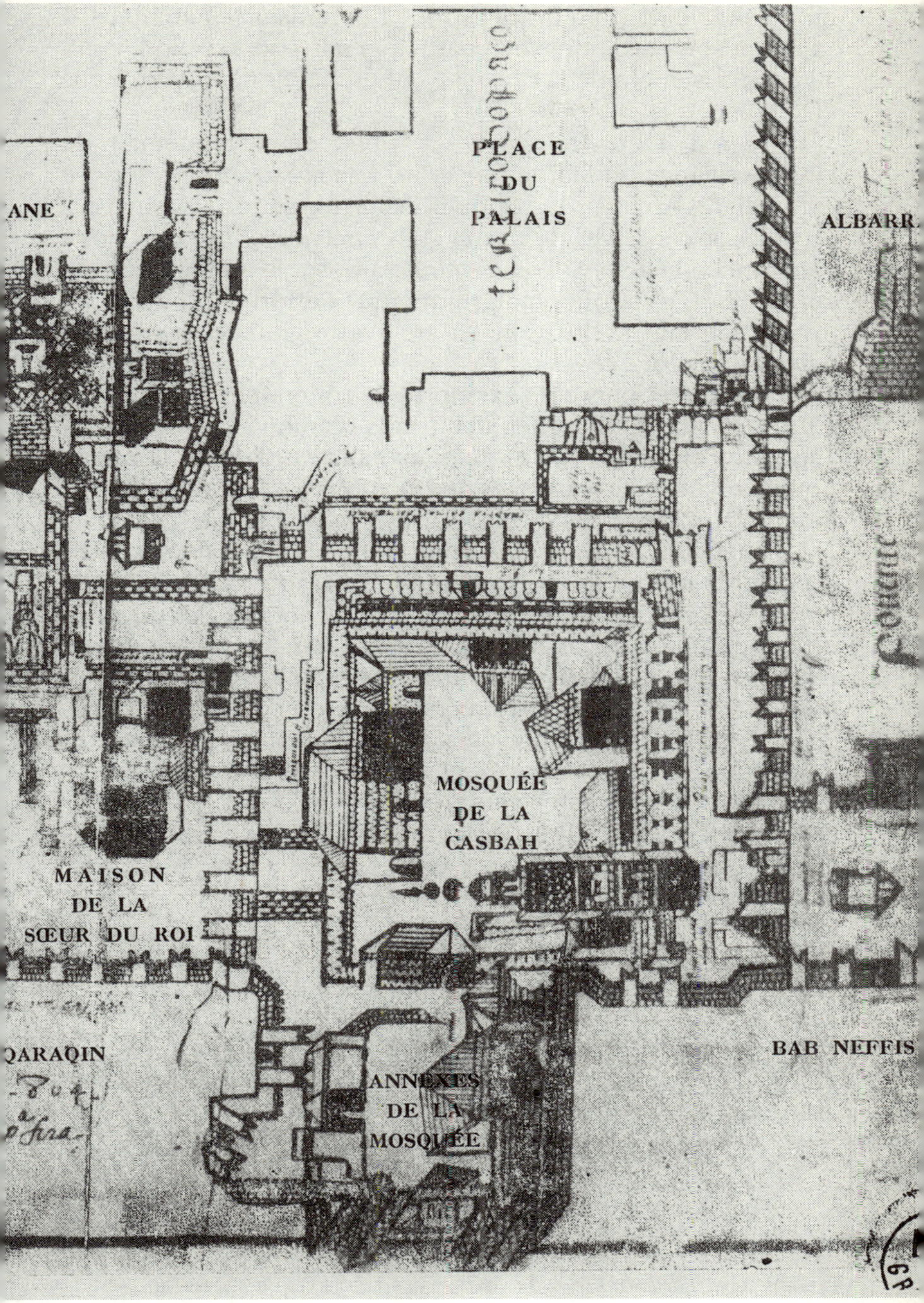

Marrakech (XVIe siècle).

mon sens, le soin qu'un pays met à organiser ses archives, à valoriser son patrimoine et à participer à la conservation, voire à l'enrichissement de la diversité culturelle du monde où nous vivons.

Le regretté Germain Ayache[1] a appelé dès le lendemain de l'indépendance du Maroc (en 1956) à la création d'un service national des Archives historiques et à la formation d'archivistes capables de conserver, de classer et d'entretenir les fonds de notre mémoire collective. Si l'on continue à poser la même question aujourd'hui, c'est que, malgré quelques efforts accomplis au niveau national, la situation des archives régionales et communales est déplorable.

On peut citer plusieurs exemples de communes qui ont livré au feu et aux intempéries des fonds d'archives remontant à l'époque coloniale. Une enquête exhaustive dans ce domaine pourra révéler des surprises aux responsables et aux élus, et montrer l'ampleur des dégâts causés à notre culture.

En attendant, il me semble important d'attirer l'attention sur la situation préoccupante des archives à Marrakech. Cette ville impériale, qui a accumulé pendant plus de neuf siècles un patrimoine exceptionnel, mérite toute notre attention et toute notre réflexion. Elle la mérite d'autant plus qu'elle se trouve à un moment décisif de son histoire, où elle risque de fondre "corps et âme" sous la pression aveugle de la promotion immobilière et touristique.

La réflexion sur les archives de Marrakech permet de distinguer deux phases essentielles : la première, marquée par des efforts d'organisation, de préservation et d'enrichissement ; puis celle, plus récente, où la négligence et le laisser-aller l'emportent sur les saines précautions de l'entretien et de la conservation.

Parlons d'abord des bâtisseurs de la mémoire de Marrakech, autrement dit, de tous ceux qui ont contribué à écrire l'histoire de la ville ou aidé à organiser ses archives.

Le premier nom qui vient à l'esprit est celui de l'érudit Abbâs ben Ibrahim Taârji, qui a publié dans les années 1930 une immense encyclopédie destinée à immortaliser le souvenir des savants et des hommes illustres de Marrakech[2]. Citons également l'apport de Gaston Deverdun, qui fut le créateur de la bibliothèque municipale et d'un fonds d'archives accessible

1. G. Ayache, *Etudes d'histoire marocaine*, éd. SMER, Rabat, p. 63-96.
2. Abbâs ben Ibrahim, *Al-I'lâm (Dictionnaire biographique)*, éd. Fès, 1936, réédition Imprimerie royale, Rabat, 1973.

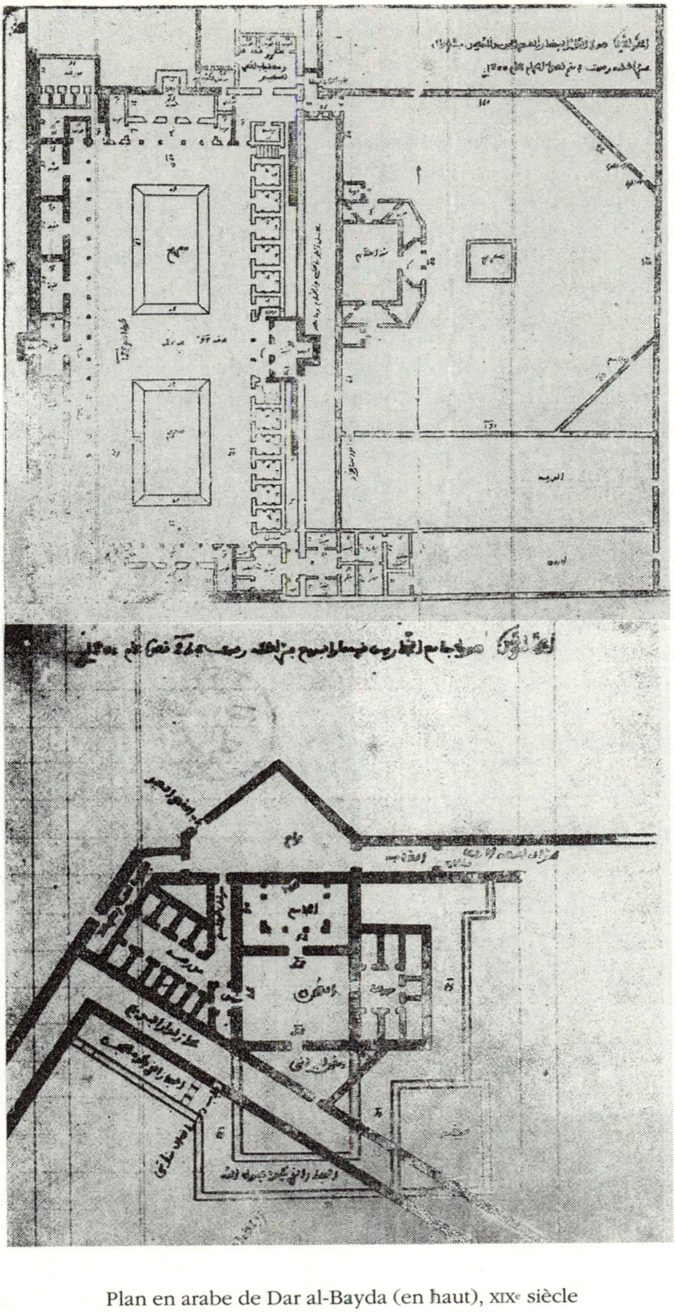

Plan en arabe de Dar al-Bayda (en haut), XIXe siècle
et de la mosquée Buharis (en bas).

aux chercheurs. C'est grâce à sa fonction d'inspecteur des monuments historiques et de conservateur de ces archives qu'il a pu écrire l'histoire de Marrakech depuis les origines jusqu'à 1912. Ce livre, publié dans les années 1950, reste à ce jour la référence la plus consultée, et malheureusement aussi la plus pillée, par les faiseurs de "beaux livres".

Le regretté Paul Pascon a contribué pour sa part à la connaissance et à l'inventaire des archives de Marrakech. Bien que son ouvrage concerne principalement la région du Haouz, il donne un premier état de la documentation existante. Par ailleurs, l'auteur a profité de sa fonction de directeur de l'office régional de la Mise en valeur agricole pour aider à l'organisation des archives des Travaux publics et du Génie rural, qui constituent le fonds le plus important sur la période coloniale dans le Haouz.

La création d'un service régional des archives aurait suffi pour rassembler et conserver une documentation dispersée dans différentes administrations. En l'absence d'un tel service, ce sont des pans entiers de notre patrimoine écrit qui sont en train de s'écrouler dans l'indifférence quasi générale de la société et de ses forces vives.

On découvre aujourd'hui avec surprise et consternation l'existence d'une vieille note du ministère des Finances, encore en vigueur et qui, c'est le moins qu'on puisse en dire, encourage les administrations à détruire leurs archives. En vertu de cette note officielle, des appels d'offres sont organisés périodiquement pour mettre au pilon les "vieux papiers de l'administration", composés "d'archives mêlées, de registres, d'imprimés, de journaux et de cartons". Le rédacteur de la note ne se préoccupe nullement du contenu des archives. Seules deux choses l'intéressent : éviter que "des corps étrangers, et autant que possible des papiers carbones et des cartons goudronnés", ne s'y trouvent mêlés ; et veiller à ce que la recette soit versée à la direction des Domaines. Les quelques documents qui ont survécu jusqu'à nos jours attendent, entassés dans des caves et des couloirs obscurs, les budgets exceptionnels prévus pour leur destruction !

C'est ce vide juridique et institutionnel, ce sont les sentences de cette note aveugle qui expliquent, en partie, la dégradation du patrimoine des archives à Marrakech, et probablement dans d'autres villes du royaume. Quelques exemples suffisent pour illustrer cet état de fait.

Les fonds d'archives municipales, exceptionnels par leur nombre et leur valeur documentaire (ouvrages, cartes, plans, dessins...), ont été dispersés dès la fin des années 1960. Le travail colossal auquel Gaston Deverdun avait consacré sa vie de chercheur a été en grande partie dilapidé et pillé. Les archives de la chambre d'agriculture de Marrakech, où l'on trouve tous les procès-verbaux des séances des comités de colonisation qui furent mis à contribution par Paul Pascon, ont également disparu. Le même constat vaut pour les archives de l'ancienne direction régionale de l'Urbanisme et de l'Habitat, dont les fonds ont été dispersés au profit non seulement d'établissements publics, mais aussi de cabinets d'architectes privés. Que dire aussi de la collection exceptionnelle des manuscrits de la bibliothèque Ben Youssef qui, bien qu'on évoque depuis longtemps leur transfert dans un local adéquat, ne connaissent qu'une seule intervention concrète : celle des ravageurs et de l'oubli. Pour le moment, seules les archives déposées dans les caves de l'office du Haouz paraissent mieux protégées. Cependant, une action est nécessaire pour améliorer leur état de conservation et faciliter leur consultation.

Outre les archives publiques, il faut mentionner les heurs et malheurs des archives familiales et privées. Je ne citerai que le cas le plus récent : celui de la bibliothèque du grand bibliophile de Marrakech Ali ben Lamâallem, qui vient de mourir. Si rien n'est fait pour sauver cette bibliothèque, ou du moins aider les héritiers du défunt à la conserver, ce n'est pas un fonds d'archives de plus que Marrakech aura perdu, mais tout un pan de la mémoire de la ville, patiemment construit et jalousement gardé.

Marrakech, en tant que ville universitaire, ancienne capitale d'empire et métropole régionale, mérite d'être dotée d'une grande bibliothèque municipale, où seront rassemblées et conservées

Vue sur la Koutoubia et les remparts de la médina.

toutes les archives de la région Tensift-al-Haouz. Une bibliothèque à la mesure du passé impérial de la ville et de son monument le plus prestigieux : la mosquée Koutoubia, à la fois emblème et phare, s'élevant dans le ciel et célébrant par la langue de l'architecture le règne du Créateur et du Livre.

Un tel investissement se justifie amplement dans une ville aux héritages riches et variés, appelée à devenir le plus grand pôle d'économie du patrimoine et la première destination du tourisme culturel au Maroc.

II. LE GÂCHIS URBANISTIQUE

Il y a dans tout urbanisme l'idée d'"urbanité", d'adaptation de l'habitat aux besoins des hommes et de bonheur de vivre. Les Marrakchis ont bien su caractériser leur ville en l'appelant, il y a longtemps, *Al-Bahja*, la cité de la vie heureuse et du plein air. Mais quel tableau dresser de la situation de l'urbanisme dans la Marrakech d'aujourd'hui ?

La ville a connu dernièrement deux manifestations importantes qui ont permis de discuter de questions diverses, des problèmes posés par la création des nouveaux quartiers[1] à celles de l'habitat insalubre et des douars "périphériques[2]". La question urbaine est enfin soumise au débat public. Et l'on a vu des responsables se livrer à une véritable catharsis, avouant leurs erreurs et les limites de leur action. L'impression qui se dégage des débats est celle de l'échec du modèle technocratique d'organisation de l'espace urbain. Un modèle élaboré dans les cabinets d'architectes, loin des soucis de la population et de ses besoins réels. Les gestionnaires de la ville reconnaissent également qu'ils n'ont pas tenu compte du "social" et que, malgré les efforts financiers, ils n'ont pas réussi à faire face à la montée des besoins en logement. C'est dire que "l'humain" – que les technocrates ont évacué de leurs programmes d'intervention depuis longtemps –

1. Cf. le *Programme social du quartier Al-Massira, évaluation d'une expérience*, table ronde organisée par le promoteur immobilier public ERAC/Tensift, Marrakech, 2 juillet 1999.

2. Cf. *Bilan des interventions sur les bidonvilles*, atelier de Marrakech organisé par le secrétariat d'Etat à l'Habitat, 2 octobre 1999. Le douar représente l'unité de base du peuplement rural au Maroc (cf., p. 40, "Une ville empêtrée dans ses douars").

est revenu massivement sur la scène, avec ses immenses besoins, ses exigences pressantes et son droit à un habitat salubre et digne.

Quelle expression employer pour qualifier l'état présent de l'urbanisation à Marrakech, un état fait de laxisme, de gaspillage et de confusion ? Je ne trouve que celle de "gâchis urbanistique". Sans évoquer ici en détail les neuf siècles d'histoire urbaine de Marrakech, je me limiterai à exposer l'évolution des deux dernières décennies, qui me paraît caractéristique par ses excès et ses débordements. On a l'impression que le "lobby des spéculateurs" et avec lui certains architectes de l'anti-ville ont pesé de tout leur poids, dans une espèce de course contre la montre, pour livrer au siècle qui commence une cité vidée de son patrimoine et réduite à une énorme concentration de béton.

Trois erreurs urbanistiques

Jusqu'au lendemain de l'indépendance, Marrakech bénéficiait encore d'un atout majeur dont peu de villes au monde disposaient : une importante "réserve foncière". Cette réserve avait été appréciée à sa juste valeur par les urbanistes que Lyautey avait dépêchés aux cités impériales marocaines pour planifier la création des nouvelles villes européennes. Jean-Claude Nicolas Forestier (1861-1930), l'un des plus célèbres paysagistes de l'époque, qui a conçu le développement futur de villes importantes en Europe (Séville, Barcelone) et en Amérique (Washington, Buenos Aires, La Havane), avait tout de suite compris la situation privilégiée de Marrakech par rapport à une ville comme Paris, où le privé détenait une grande partie du patrimoine foncier. Son idée de génie était de profiter de l'existence des terres domaniales, *habous* (biens religieux) et *guich* (biens de l'armée), pour en constituer le fonds de l'Etat qui servirait, le moment venu, d'outil majeur dans la planification urbaine. Ainsi, il serait possible de vendre avantageusement une partie du domaine étatique et d'utiliser la plus-value pour financer l'extension des parcs et des espaces verts. Cette formule, adoptée rigoureusement dans les grandes villes du monde développé, a permis de corriger relativement les méfaits de l'industrialisation et de créer des agglomérations aérées.

Toutes ces idées, marquées par le modèle hispano-arabe d'urbanisation, ont été ou méconnues ou oubliées par nos urbanistes, peu soucieux des éclairages que peut apporter l'histoire. Les

Plan de Marrakech, d'après Ali Bey (1803).

Plan Washington (1830).

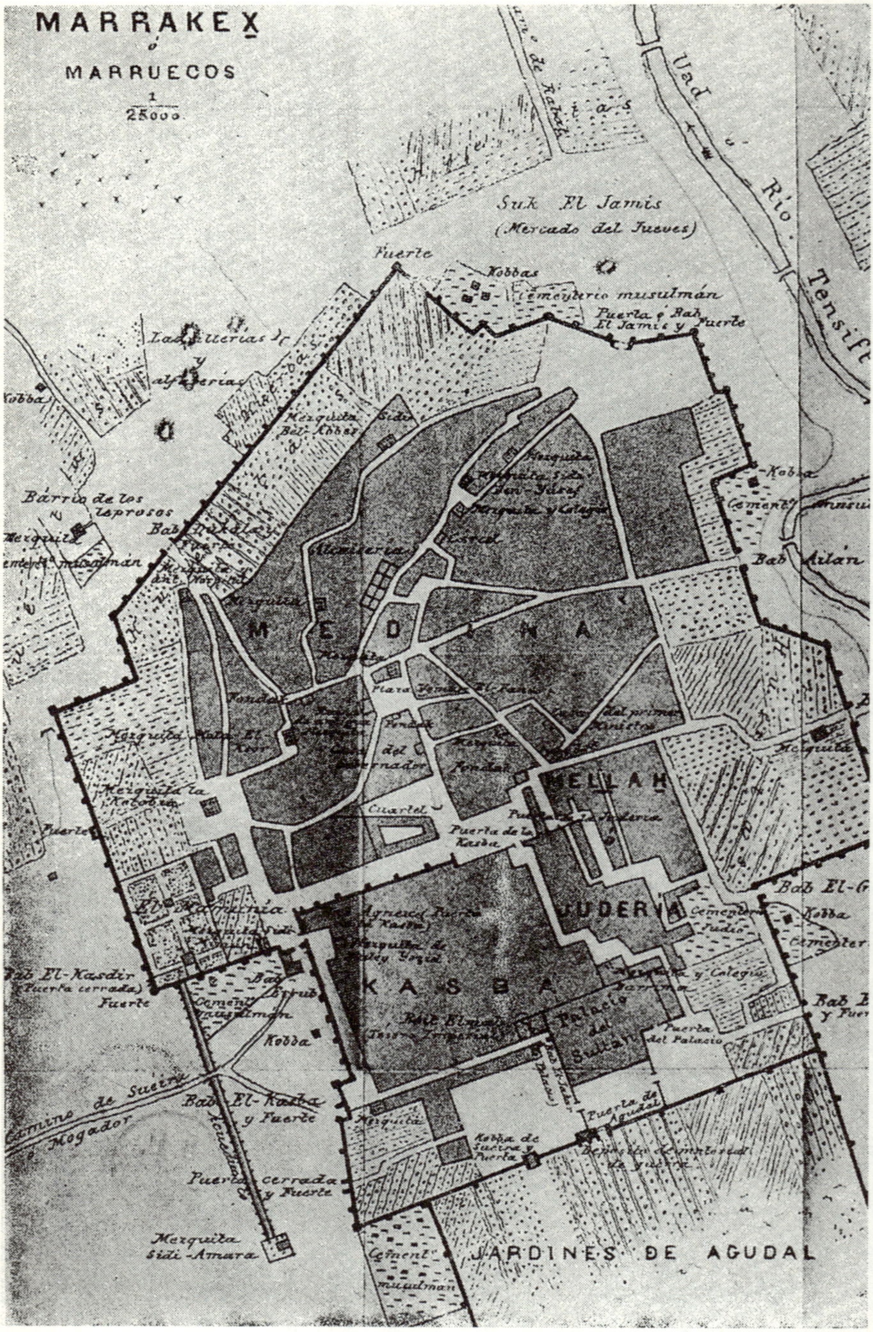

Plan de Marrakech en 1864 (Merry y Colom).

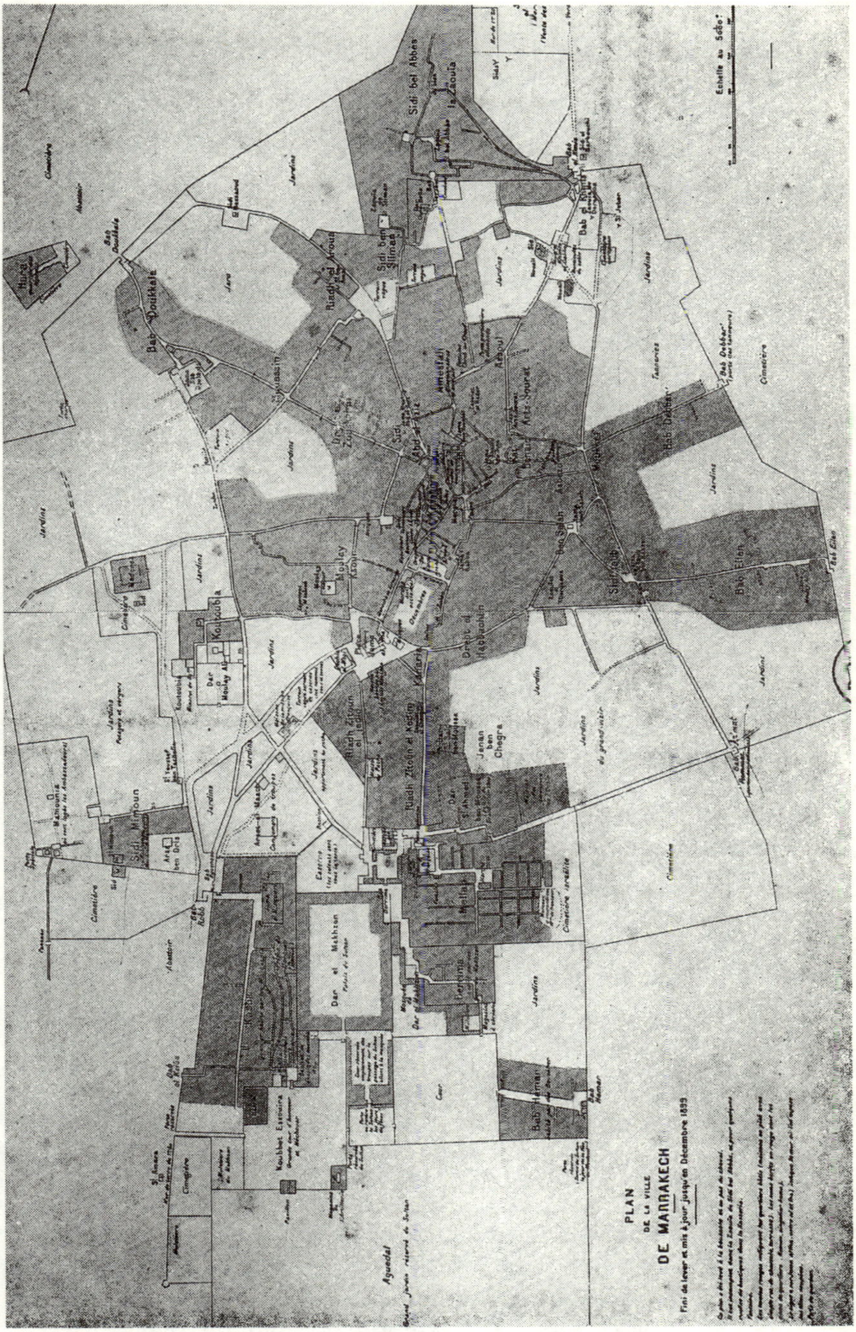

Plan Lambert (1899).

nouvelles options ont pris pratiquement le contre-pied des recommandations de Forestier. L'Etat s'est engagé dans une politique de lotissement tous azimuts, montrant souvent le mauvais exemple en matière de destruction des jardins historiques et de dilapidation du patrimoine écologique de toute une ville. Un demi-siècle plus tard, le constat est amer : non seulement la "réserve foncière" est épuisée, mais l'on s'aperçoit tardivement que les programmes de l'Etat constituent un enjeu spéculatif colossal et se transforment, à l'arrivée, en fabriques de marginalité ! Ce fut la première grave erreur commise par les urbanistes au lendemain de l'indépendance.

La seconde erreur est intervenue lors de l'élaboration du Schéma directeur de 1982, où les promoteurs immobiliers ont réussi à orienter l'urbanisation en direction du nord et de l'ouest, autrement dit vers des sites à haute valeur écologique et agricole. N'est-ce pas un gâchis que de voir les pouvoirs publics dépenser plus d'un milliard de dollars dans le projet d'aménagement hydraulique du Haouz, amener l'eau jusqu'au périmètre du N'Fis et livrer ensuite une partie de l'espace irrigué au jeu de la spéculation urbaine et périurbaine ?

La troisième erreur fut l'urbanisation de la Palmeraie, protégée par un dahir remontant à 1929. Il est encore trop tôt pour mesurer l'impact de cette décision. Mais il n'est pas besoin d'être visionnaire pour imaginer les conséquences psychosociales de l'implantation d'îlots d'extrême richesse en face de douars d'extrême pauvreté !

Cet état de fait et ces choix montrent que l'Etat a finalement confié le destin de l'une de ses plus prestigieuses villes historiques à une folle entreprise que les pays les plus libéraux ont dénoncée dès le début du siècle dernier, cherchant par tous les moyens à la maîtriser. Le laisser-faire et le laxisme ont vite eu sur le tissu urbain de Marrakech l'effet d'une maladie contagieuse, d'autant plus difficile à enrayer que ses foyers ne finissent pas de germer et de se multiplier.

Une multitude d'horreurs architecturales

Il faudrait certainement un catalogue pour recenser toutes les aberrations urbanistiques des deux dernières décennies. Je me limiterai ici à quelques cas seulement.

Prenons pour commencer l'exemple de l'avenue Allal-el-Fassi, qui part de la gare routière et rejoint la route de Casablanca.

Cette artère vitale pour la circulation urbaine a été dès le départ sous-dimensionnée. En quelques années de fonctionnement, elle est devenue aujourd'hui difficilement utilisable, non seulement aux heures de pointe, mais presque toute la journée. Lorsque les immeubles en construction seront achevés, ce sera l'engorgement complet. Dans une rue latérale de la même avenue, une grande école privée s'est installée, causant aux riverains de sérieux préjudices. Comme pour compliquer davantage le problème et rendre la tâche insoluble aux agents de la circulation, on autorise l'ouverture, juste à côté de la première école, d'un autre complexe éducatif, deux fois plus grand !

Ce qui frappe ici, c'est l'étroitesse des vues de ceux qui sont chargés de la programmation des infrastructures et des équipements de la ville, et leur coûteuse myopie. Une simple comparaison avec le boulevard Mohamed-V, en usage depuis près d'un siècle et qui continue, du fait de sa largeur, à rendre des services sans que se crée trop d'encombrement, montre que nous sommes face à deux approches opposées de l'urbain : l'une envisageant l'évolution de la ville sur plus d'un siècle, et l'autre, plus limitée, ne dépassant pas l'horizon d'une ou deux décennies. Dans un pays où la démographie est galopante, faire de l'urbanisme à court terme signifie des coûts incalculables pour l'économie de la ville et d'épuisants tracas pour les usagers.

Quittons pour l'instant ces artères menacées d'étranglement et levons notre regard vers ce qui se construit aux abords et qu'on qualifie pompeusement d'"urbanisme vertical". Ici, comme à Bab Doukkala, ce sont des horreurs à plusieurs étages, sans esthétique aucune. Elles semblent narguer le Haut-Atlas et lui dire : Vois comme nous sommes capables d'enterrer sous des tonnes de ciment les jardins historiques de la ville et de priver les citoyens de la possibilité d'admirer tes cimes !

Plus loin, au Guéliz, le cœur même de la ville moderne, le promeneur a l'occasion de vérifier si la "verticalité", tant vantée par certains architectes, a tenu ses promesses. Il y découvre les mêmes horreurs étagées, avec une vaine recherche d'esthétique, sauf qu'ici la mode du verre domine. Il aveugle et enfume. Il ne reste qu'un seul recours : rappeler aux importateurs de concepts nordiques l'enseignement oublié d'Archimède et les méfaits du verre dans une ville où il fait souvent plus de 40 degrés. L'hérésie est de taille. Mais Marrakech en a vu d'autres : comme ces pelouses à l'anglaise, ces gazons ridicules qui épuisent la nappe, privant d'eau les beaux jardins et vergers historiques.

Faut-il évoquer le triste sort du boulevard de Safi, avec sa collection d'immeubles inachevés ? Ici, ne cherchez pas "la rose parmi les palmiers" tant chantée par les poètes. Ce qui se dresse le long de votre route, ce sont d'énormes barres, enterrées dans des terrains vagues et oubliées !

On se rappelle aussi l'histoire des deux ponts de Marrakech : le pont ancien, édifié par les Almohades au XIIe siècle, avec son architecture en terre et ses arches, était large et massif, esthétique et discret, presque fondu dans le paysage. Non seulement cet ouvrage a résisté aux crues du Tensift des siècles durant, mais il fut capable de supporter les engins les plus lourds de la civilisation moderne. Face à ce monument, on a érigé un pont moderne, tout juste sorti de l'imagination des ingénieurs des Travaux publics. Quelques mois seulement après son entrée en fonction, le monstre en béton s'est fissuré. Sans le secours du pont almohade, Marrakech aurait été coupée de ses échanges avec Casablanca pendant plusieurs mois. Cet épisode est significatif de l'impasse actuelle, marquée par une perte de compétence pour bâtir des ouvrages à la fois esthétiques et durables.

Ces différents cas n'épuisent malheureusement pas les "œuvres" de cette architecture fin de siècle. Et, pour parler franchement, s'agit-il d'architecture ? Il fut un temps où l'on envoyait les architectes dans la médina pour respirer son air et s'imprégner de ses concepts. De cette expérience de laboratoire sont sortis des urbanistes de terrain qui ont su réaliser une formidable synthèse entre l'architecture marocaine classique et l'architecture moderne. Je revendique pour Marrakech, classée patrimoine de l'humanité, le retour à ces sources, le bannissement à jamais des horreurs étagées qui la défigurent et massacrent son paysage, enfin, la recherche de concepts adaptés à la ville et à son climat.

III. LE PAYSAGE DÉFIGURÉ

Le grand absent de l'urbanisme tel qu'il se pratique à Marrakech, c'est le paysage. Rien n'est épargné pour le malmener, le briser, le charcuter. Pris dans le tourbillon de la nouvelle spéculation, qui n'hésite pas à emprunter les autoroutes de l'information, il est le grand perdant de l'histoire urbaine des deux dernières décennies.

Prenons, à titre d'exemple, les accès à la ville. Dans beaucoup de pays, les autorités municipales organisent des concours internationaux et dépensent parfois des budgets impressionnants pour sauvegarder le paysage urbain, voire le valoriser en ménageant des perspectives et des promontoirs panoramiques. Les orientations de l'urbanisme moderne insistent davantage sur ces effets de vitrine et sur l'ancrage paysager de la ville.

Le choix du site de Marrakech par les Almoravides (1055-1147) me semble, avec le recul, avoir été un acte d'une haute valeur paysagère et urbanistique. Les dynasties qui ont gouverné la ville jusqu'à la veille de la colonisation (en 1912) ont bien réussi à intégrer la dimension paysagère dans leur démarche urbanistique. Les photographies aériennes du début du XXe siècle nous montrent à quel point l'urbanisme marocain précolonial avait su tirer le maximum d'effets de l'emplacement de Marrakech et de son environnement naturel. Que l'on se place sur les célèbres terrasses de la médina ou que l'on vienne de Casablanca, le panorama était saisissant par sa beauté et ses images suggestives A l'est et au nord, la Palmeraie étendait fièrement son manteau de verdure, prolongé plus à l'ouest par les jardins et vergers du N'Fis. Quant à la partie sud, elle reste le domaine réservé de l'Agdâl. Ce parc impérial semble plier sous le regard de tout le poids de son couloir rectangulaire de cinq cents hectares de vergers. Immense tapis vert, il vous convie, la saison venue, à explorer les cimes enneigées de l'Atlas, lesquelles apparaissent au loin comme les pointes visibles d'un iceberg trônant sur une banquise.

Les architectes et paysagistes de Lyautey ont trouvé à Marrakech l'illustration des principes mêmes de la cité-jardin, avec son paysage caractéristique : une médina entourée de grands anneaux de verdure. Il suffisait de produire la législation adéquate pour protéger le panorama admirable sur la chaîne de l'Atlas, museler la spéculation qui brûlait déjà d'abattre les remparts pour vendre des pots de chambre émaillés aux "indigènes" !

Si le sud de la médina est aujourd'hui encore relativement préservé, l'accès par la route de Casablanca a connu, par contre, des interventions malheureuses. C'est la fin du merveilleux paysage formé par la Palmeraie, les terrasses de l'ancienne ville et la vue sur l'Atlas. Ici, ce qui se développe, c'est une architecture de foire, avec une structure en plastique et des toits allongés, désespérément blancs. Quand on emprunte le boulevard Khattabi en venant du Guéliz, la vue formée par la fontaine du rond-point de Safi et les Jbilet au nord est irrémédiablement gâchée par ces tentures synthétiques. Pourquoi s'échine-t-on, depuis quelque temps, à reproduire à Marrakech le modèle de l'entrée sud de Casablanca, la capitale économique ? Est-ce pour faire moderne, ou plutôt pour éviter le dépaysement aux nombreux visiteurs qui viennent de cette ville ?

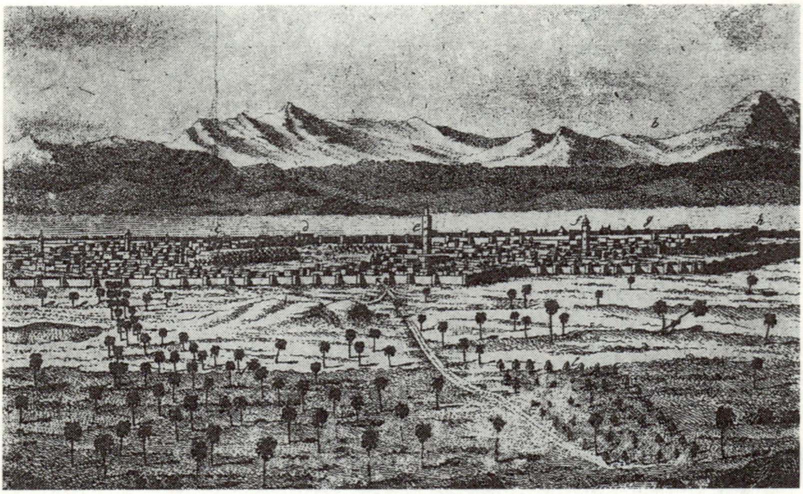

Vue panoramique de Marrakech en 1760.

Marrakech, contrairement à sa rivale Fès, est située en plaine, dans une cuvette relativement inclinée et dominée, depuis un temps géologique, par des élévations naturelles appelées Jbel ou Koudiat (collines). Si l'on prend la peine d'escalader ces miradors dispersés au nord-ouest de la médina, on peut jouir des plus beaux panoramas que la ville offre. Cependant, même ces dons de la nature, qui sont un patrimoine commun, utilisé en partie par les habitants à des fins sportives, sont aujourd'hui menacés soit par l'habitat clandestin, soit par les promoteurs qui commencent à les annexer et à les lotir !

Que dire également du fameux quartier de l'Hivernage dont les artères principales ont été conçues pour ouvrir des perspectives sur les remparts anciens ou sur les cimes lointaines de l'Atlas ? du jardin historique de la Ménara, ouvert sur le paysage féerique des Jbilet ? des fameuses terrasses de la médina, transformées en curieux bidonvilles ? On pourrait multiplier les exemples qui montrent le naufrage d'un paysage et sa déconfiture. S'il s'agissait de l'une de ces villes champignons qui germent par-ci, par-là, sans passé et sans racines, on pourrait comprendre. Mais ce n'est pas le cas. Est-il besoin de rappeler que

Marrakech est une ville d'histoire et d'art, qu'elle a une identité à défendre, un patrimoine à conserver, un paysage à protéger et une culture à valoriser ?

Autrefois, l'accès nord par le pont du Tensift était une sorte d'entrée des artistes et des poètes. On s'émerveillait, après avoir traversé le plateau aride des Rehamna, devant le spectacle étonnant de la Palmeraie et de la chaîne du Haut-Atlas. Des paysagistes de notoriété internationale ont insisté, au début du siècle dernier, pour que ce panorama naturel soit conservé. Ils y voyaient le plus important atout de la cité saharienne et son capital symbolique. Aujourd'hui, ce paysage est livré aux chaînes de distribution, au futur marché de gros, aux concessionnaires de voitures et à la restauration rapide, comme si les places manquaient pour fixer le commerce de l'alimentation et des loisirs. Pour finir, cette entrée sera banalisée, semblable à celle de Casablanca ou d'autres villes anonymes, avec d'énormes panneaux publicitaires et des implantations inadaptées et peu esthétiques.

Au Maroc, le service des Beaux-Arts a commencé à contrôler l'aspect extérieur des constructions dès 1925. Une "police de l'esthétique" a même été instituée pour superviser le dessin des façades et veiller à ce que l'apparence des bâtiments s'insère parfaitement dans le paysage urbain. A Marrakech, ce service ne semble pas avoir d'existence réelle. Et, à supposer qu'il existe, il doit assumer une lourde responsabilité dans les innombrables infractions à l'esthétique de la ville. Aujourd'hui, il faut aller au-delà de ces institutions formelles, dont l'existence ne semble se justifier que par la caution qu'elles peuvent apporter au gâchis urbanistique. Il est temps d'instaurer une véritable "Mission du paysage" qui regrouperait, en plus des techniciens, des sociologues, des philosophes et des artistes intéressés par l'urbanisme. Elle aurait pour objectif de sauvegarder la beauté non seulement de nos villes historiques, mais aussi de nos campagnes et de nos montagnes.

Si l'on s'amuse à calculer le coût de la mutilation du paysage urbain de Marrakech, on obtient des chiffres alarmants. Plus l'on tarde à intervenir, plus le prix à payer sera élevé. Il faut évidemment commencer par éveiller la conscience des architectes et des urbanistes, les inciter à intégrer la dimension esthétique dans leurs projets, qu'ils soient grands ou petits. La promotion immobilière dans son ensemble, publique et privée, doit être sensibilisée à cette question fondamentale qu'est la sauvegarde du paysage de la ville.

Il peut paraître paradoxal de parler de "douars" et de "ruralité" à propos d'une ville comme Marrakech, qui est la capitale du Sud et une grande métropole régionale. Mais, dans ce cas, le paradoxe n'est qu'apparent. En effet, avant de franchir les portes des remparts et de se trouver dans le centre historique, on est déjà pris dans les méandres d'une circulation où se mêlent tous les âges technologiques. On ne compte pas le nombre de charrettes et de calèches qui occupent le terrain et imposent leur rythme à l'ensemble de la circulation urbaine. Un ami urbaniste, exaspéré par ces transports non mécanisés, proposait naïvement leur interdiction. Le projet est non seulement irréaliste, mais insensé. Et puis que serait Marrakech sans ces petits métiers, sans cette humanité vagabonde, sans cette "ruralité" que l'on trouve présente partout ?

On parle aujourd'hui des douars de Marrakech comme d'un phénomène étrange et incompréhensible. L'existence de ces douars – surtout leur démographie – commence à inquiéter les pouvoirs publics et les gestionnaires des municipalités. Ces derniers ne manquent pas de rappeler, à chaque occasion, que c'est "la honte" de la ville. D'autres parlent de "virus" et de "cancer". Ces propos ne plaisent évidemment pas aux habitants de ces agglomérations qui font remarquer que Marrakech elle-même n'est qu'un immense douar !

La discussion nous amène donc à résoudre un problème d'ordre terminologique : qu'est-ce qu'un douar et qu'est-ce qu'une ville ? Le mot "douar", entré dans la langue française dès 1628, est défini ainsi par le Petit Robert : "agglomération de tentes disposées en cercle que les Arabes nomades installent temporairement". Si l'on remplace les tentes par des maisons en pisé avec des cours intérieures et des enclos pour le bétail (ou *zriba*), l'on aura une idée approximative de ce que fut l'habitat rural extra-muros. La ville, quant à elle, se définit comme "une agglomération fondée autour d'une ancienne cité sur le terrain d'anciens domaines ruraux". Le fait que la ville ne soit, en définitive, qu'une tranche de campagne urbanisée permet de relativiser l'opposition entre citadins *(m'dîniyya)* et campagnards *('urûbiyya)*.

On peut dire qu'à Marrakech, la ville et ses douars ont grandi ensemble. Dès le Moyen Age, quand elle est devenue une capitale d'empire, la cité a développé autour d'elle toute une ceinture de jardins et de vergers. Les douars, peuplés de paysans, de jardiniers et de maraîchers, ont contribué durant des siècles à mettre en valeur les terroirs environnants. Sans ce travail continu, l'émergence du modèle de la cité-jardin et sa permanence à travers le temps auraient été difficiles. La fonction nourricière des douars et leur relation positive avec la ville ont constitué un des traits majeurs de l'évolution urbaine durant la période précoloniale. Comment se fait-il qu'aujourd'hui la perception des douars ait changé et que l'élite urbaine (ou urbanisée) commence à les regarder avec défiance, parfois même avec mépris ?

Ce changement d'attitude s'explique par la mise en crise des rapports entre la ville et sa campagne. Les causes sont à rechercher dans la nature même du modèle d'urbanisation adopté depuis le début du protectorat français (1912-1956). Ce modèle, préoccupé uniquement de satisfaire les besoins en lots à bâtir et en main-d'œuvre, a favorisé la naissance d'une nouvelle génération de douars qu'on peut qualifier de "douars ouvriers". L'implantation de ces agglomérations humaines le long des routes, des chemins de fer et des carrières d'extraction des matériaux de construction montre assez clairement le passage des douars d'une fonction agricole à une fonction beaucoup plus urbaine. L'urbanisme de l'après-indépendance, en dilapidant la réserve foncière de la ville et en détruisant ses vergers et ses jardins, a non seulement sapé l'économie de ces douars, mais aussi privé les générations présentes et à venir du droit au minimum vital de verdure et d'oxygène.

Vue sur la longue durée, l'histoire des douars de Marrakech peut être envisagée suivant trois âges caractéristiques : le premier est celui de la période précoloniale, où les douars étaient des unités productives, bien ancrées dans le grand projet de réalisation de la cité-jardin. Ils ont contribué des siècles durant à assurer la sécurité alimentaire de la ville et à sauvegarder son patrimoine écologique ; le deuxième âge, qui couvre l'époque coloniale, a été caractérisé par la naissance d'un nouveau type de douars prolétarisés, sous-produit de l'expansion de la branche du bâtiment et des travaux publics dans les colonies ; le troisième âge, enfin, est celui où le phénomène des douars tend de plus en plus à devenir une création artificielle, nourrissant les circuits de la spéculation et les cuisines électorales. En effet, les voix des habitants pauvres de ces agglomérations sont souvent utilisées pour assurer la réussite de tel ou tel candidat au moment des élections.

Le phénomène émergent des douars

Pour mieux analyser les rapports entre la ville et ses douars, il convient de les placer dans une perspective historique. Dans ce but, le document intitulé "Rapport du chef des services municipaux de la ville de Marrakech concernant la lutte contre les bidonvilles", rédigé le 1er octobre 1948, mérite un examen attentif.

Son auteur commence par relever la spécificité de Marrakech par rapport à d'autres villes comme Casablanca, où le phénomène des bidonvilles commençait à inquiéter les autorités du protectorat. "On peut dire, écrit-il, qu'il n'existe pratiquement pas de bidonvilles à Marrakech, si par ce terme on entend une importante agglomération composée d'habitations légères, construites en déchets d'emballage sans aucun aménagement sanitaire et habitées par une population flottante."

L'auteur souligne ensuite que les ruraux arrivent à Marrakech avec leurs familles et leurs animaux. Ils construisent au début des *noualas* (huttes) en roseau qu'ils transforment, suivant leurs moyens, en maisons de pisé. Le désir de construire une maison en dur avec sa cour intérieure et son étable *(zriba)* doit être interprété non seulement comme une volonté de reproduire un mode d'habiter caractéristique de la campagne marocaine, mais aussi comme un choix adapté au climat de Marrakech.

Tout un ensemble de caractères faisait que l'habitat des douars était plus avantageux que celui des bidonvilles : il était adapté aux conditions climatiques, offrait une vie en plein air, sans entassement, et des ressources supplémentaires grâce à l'élevage ; les *derb-s* (ruelles) créées étaient relativement propres et moins encombrées, la sociabilité plus intense du fait du regroupement d'une population originaire de la même tribu, etc. Malgré leur pauvreté, les douars conservaient "une hygiène naturelle dont il faut tenir compte", précise le rédacteur du rapport. "Les habitations et les quartiers ainsi créés, ajoute-t-il, ne sont ni plus ni moins insalubres que les autres quartiers de la ville, de construction beaucoup plus ancienne, non encore pourvus d'eau et d'égouts."

De plus, l'étude nous fournit assez d'éléments qui prouvent, statistiques à l'appui, que le phénomène des douars était, il y a juste un demi-siècle, un phénomène marginal. On recensait à l'époque, autour de Marrakech qui avait quelque 100 000 habitants, cinq douars dont la population ne dépassait pas 2 500 habitants. Le douar Sidi Youssef ben Ali (Syba), appelé à un grand développement, n'avait à ce moment-là que 800 habitants.

Ainsi, le chef des services municipaux pouvait conclure son rapport en disant qu'il n'y avait pas, à Marrakech, de problème de bidonvilles, mais essentiellement un problème général d'assainissement. Si la question des douars ne se posait pas avec acuité à cette époque, on ne peut pas en dire la même chose aujourd'hui où l'extension de ces agglomérations humaines a pris des proportions inquiétantes.

Une planète de douars au cœur de la ville

Ce qui frappe celui qui observe l'évolution urbaine de Marrakech depuis 1982, c'est l'accroissement du nombre des douars et l'augmentation de leur population. En l'espace d'une quinzaine d'années, ce nombre est passé de 55 à 156, et la population de 74 000 à 150 000, soit 22 % de la population urbaine de Marrakech[1]. Pratiquement, aujourd'hui, près d'un Marrakchi sur quatre vit dans un douar. Comment interpréter les chiffres de cette démographie galopante ?

La première explication est à rechercher dans le processus d'extension de l'aire urbaine de Marrakech. En effet, la ville, qui occupait quelque 2 100 hectares en 1945, a vu son périmètre s'agrandir pour atteindre 3 700 hectares en 1989 et 18 000 hectares en 1992, soit une extension largement supérieure à ce que prévoyait le Schéma directeur pour 2010 (15 000 hectares). Si, jusqu'en 1989, l'extension du périmètre urbain semble avoir suivi un processus normal, on ne comprend toujours pas les fondements de la décision administrative qui a abouti à quintupler l'aire urbaine de Marrakech. A-t-on mesuré toutes les conséquences d'une telle décision ?

Il semble que, dans cette affaire, les considérations politiques l'ont emporté. Le nouveau découpage administratif est bien plus le produit des vieilles recettes de la cuisine électorale que le reflet d'une saine politique urbaine. Quelles que soient les raisons évoquées, un des résultats de ce découpage a été l'intégration de toute une constellation de douars périphériques dans le périmètre urbain de Marrakech. Nous avons là un exemple concret de la manière dont les décisions administratives interviennent,

1. Cf. Mohamed Mouradi, *Le Phénomène des douars spontanés dans l'agglomération de Marrakech : de l'apparition à la restructuration*, mémoire soutenu sous notre direction et celle du professeur Zerhouni à l'Institut national d'aménagement et d'urbanisme, Rabat, juillet 1999.

non pas pour résoudre les problèmes urbains, mais pour les aggraver et compliquer la recherche des solutions futures. Les pouvoirs publics et les municipalités qui n'arrivaient pas à gérer la situation des 55 agglomérations existantes se sont trouvés, tout d'un coup, face à une planète de douars avec ses multiples problèmes démographiques, économiques et sociaux.

Confrontés à la progression phénoménale du nombre des douars et à la pression des élus, les représentants locaux des services de l'Habitat et de l'Urbanisme avouent leur incapacité à satisfaire cette montée soudaine de besoins en développement humain et social. Le constat d'impuissance est d'autant plus grave aujourd'hui que la réserve foncière est épuisée et que les nouveaux programmes de logement exigent d'énormes moyens financiers.

De ce qui précède, quelques remarques générales sont à relever. D'abord, le phénomène des douars de Marrakech dispose d'une faculté particulière à s'étendre et à essaimer. Certains parlent de “clonage”, d'autres de “couveuse”, et il y a malheureusement dans la réalité suffisamment d'éléments pour donner un contenu et un sens à ces mots imagés. Citons le cas de Douar Bouakkaz où se construisent une dizaine de *zriba-s* par mois. On dit aussi que trois maisons clandestines sont bâties chaque nuit à Marrakech. Propos exagérés ? Peut-être. Mais nous avons des exemples, dans l'histoire urbaine récente, où la logique de la couveuse a été poussée au maximum de sa productivité. C'est le cas de Sidi Youssef ben Ali, où la population est passée en un demi-siècle de 800 à plus de 100 000 habitants. Du petit douar d'hier placé sous la vigilance intéressée d'un fonctionnaire de l'administration marocaine *(moukaddem)* à la grande préfecture d'aujourd'hui, c'est un processus fulgurant qui a abouti à l'éclosion d'une nouvelle ville à côté de l'ancienne médina.

Ensuite, la “douarisation” de Marrakech, effectuée sur le modèle aberrant de Syba (Sidi Youssef ben Ali)[1], est d'autant plus inquiétante qu'elle se nourrit d'un double processus : la digestion des douars ruraux intégrés dans le périmètre urbain et le mouvement incessant de l'exode rural.

Enfin, on relève, de la part des pouvoirs publics, une préférence marquée pour la gestion à court terme et l'improvisation.

1. Les initiales de ce douar devenu une ville forment le mot *Syba*, qui signifie “anarchie” en arabe. Aujourd'hui, ce mot est tombé dans le sens commun et les rapports les plus officiels l'utilisent.

Tant que les douars restent en dehors du périmètre urbain, ils sont ignorés par les urbanistes officiels et les documents d'urbanisme. C'est une fois l'élargissement de l'aire urbaine décidé que l'on commence à s'agiter et à dénoncer l'insalubrité.

Compte tenu de ces remarques, il peut être intéressant d'analyser le comportement de l'Etat et son attitude face à la montée du phénomène des douars – un comportement dominé par une approche à la fois sécuritaire et technocratique des problèmes urbains.

L'Etat face au phénomène des douars : du "tout sécuritaire" au "tout technique"

Une note du ministre de l'Intérieur, adressée aux gouverneurs, pachas et caïds le 1er novembre 1958, permet d'analyser l'attitude de l'Etat face à la question de l'habitat insalubre et ce, dès le lendemain de l'indépendance.

"Mon attention, dit en substance le ministre, vient d'être attirée sur la prolifération des baraques des bidonvilles qui s'accroissent dans des proportions inquiétantes. Il faut agir pour enrayer immédiatement ce mouvement, car rien ne peut justifier l'arrivée des ruraux alors que les citadins sont au chômage." La lutte contre les bidonvilles devait ainsi prendre deux formes : d'une part stopper la prolifération en interdisant les installations nouvelles et d'autre part regrouper les baraques pour un contrôle efficace, les bidonvilles devant être matériellement délimités, soit en les bornant, soit en les clôturant. "J'attacherai, conclut le ministre, la plus grande importance à être informé dans les meilleurs délais, d'une part, sur les mesures prises pour délimiter les bidonvilles existants, afin d'empêcher avec la plus grande énergie leur extension éventuelle, et d'autre part sur les résultats du recensement."

La lecture de cette note, un demi-siècle après sa rédaction, est pleine d'enseignements : elle pose le problème des bidonvilles et des douars d'un point de vue étroitement sécuritaire ; rien n'est dit sur les causes économiques et sociales du phénomène. En termes clairs, la philosophie de l'Etat dans le domaine de l'habitat insalubre, traduite en directives par la note ministérielle, se résumait en deux mots : cantonner et dénombrer. Dès le départ, le phénomène des bidonvilles et des douars est perçu comme une maladie contagieuse, dont il s'agit de circonscrire les limites et d'observer l'évolution. A aucun moment on n'a vu dans ce phénomène une manifestation sociologique et humaine, produite par la marginalité urbaine et la destruction de l'agriculture traditionnelle. Dans les faits, la politique suivie, quarante ans après sa mise en œuvre, n'a réussi ni à limiter l'extension des bidonvilles, ni à contrôler leur développement.

A Marrakech, l'Etat n'a pas eu de stratégie déterminée vis-à-vis du phénomène des douars, et ce jusqu'au début des années 1980. Le changement d'attitude est intervenu à la suite du déclenchement des émeutes urbaines qui ont secoué les grandes villes du Maroc (Casablanca, Fès, Marrakech...). En même temps qu'était renforcé l'encadrement administratif de la population par la multiplication des préfectures *(wilaya)* et des provinces, l'action du ministère de l'Habitat était orientée vers la recherche de solutions urgentes au problème de l'habitat social. C'est dans cette conjoncture particulière que les programmes de restructuration des douars ont vu le jour. Loin d'être le produit d'une planification urbaine à long terme, ces programmes engageaient les moyens limités de l'Etat dans des opérations techniques qui demandaient pour leur réalisation des montages complexes et coûteux.

Si, après avoir longtemps ignoré la réalité du phénomène des douars, les pouvoirs publics ont commencé à les reconnaître sous la pression des événements, ce changement d'attitude ne s'est pas traduit par une prise en compte de la spécificité de ces agglomérations humaines et de la diversité de leurs besoins. Les cadres du ministère de l'Habitat, formés essentiellement d'ingénieurs et d'architectes, pensaient que la raison technique suffirait pour résoudre le problème des douars et de leur prolifération. Les normes appliquées aux lotissements de la ville furent étendues aux quelques douars privilégiés par la restructuration, laquelle se présentait essentiellement comme une volonté d'urbaniser et d'intégrer des zones marginales au tissu urbain réglementaire. Concrètement, ce que les techniciens appellent restructuration revenait soit à faire disparaître le douar et à recaser ses habitants ailleurs, soit à le garder sur place et à le doter d'un minimum d'équipements (eau et électricité principalement). Comme la première opération s'est révélée coûteuse (deux fois plus chère que la seconde), l'Etat s'est beaucoup plus orienté vers la restructuration *in situ*.

Le bilan de plus d'une décennie d'application de ces programmes n'est pas simple à établir, et quelques remarques sont nécessaires pour comprendre les raisons de l'échec de l'action des pouvoirs publics dans le domaine de la lutte contre l'habitat insalubre.

Le ministère de l'Habitat et ses organismes de tutelle, qui avaient acquis une compétence certaine dans le lotissement des villes nouvelles au profit des catégories solvables de la population, manquaient de stratégie globale pour affronter le problème de la pauvreté dans la ville de manière générale et d'outils analytiques pour approcher le phénomène spécifique des douars. On est aujourd'hui frappé par la forte dose de technicisme qui fut imprimée dès le départ aux opérations de "résorption" de l'habitat insalubre à Marrakech. On se perdait dans les détails techniques et les montages financiers sans s'interroger sur les besoins de la population cible et ses aspirations. Les intervenants, pour la plupart des technocrates, avaient en tête un modèle auquel ils étaient habitués et qu'ils tenaient absolument à éprouver sur le terrain. Pourquoi perdre du temps à demander l'avis de populations souvent analphabètes et vivant, pour la plupart, au-dessous du minimum vital ? Pourtant, une étude historico-économique, sociologique et anthropologique aurait permis à l'Etat de mieux cerner le profil de la population bénéficiaire, d'évaluer ses besoins et de produire un type d'aménagement adapté aux habitants des douars.

On ne comprend pas, d'ailleurs, comment les pouvoirs publics se sont lancés dans la réalisation des programmes de restructuration sans chercher, au préalable, à clarifier l'assiette foncière des douars et à identifier les différents statuts de leurs occupants. On s'est permis d'engager des dépenses d'équipement importantes alors que la population des bénéficiaires n'était pas encore identifiée avec précision. S'agissait-il des occupants réels, qu'ils soient propriétaires ou locataires ? ou plutôt des "zinataires" ? Ces derniers, qualifiés d'ayants droit par les rapports techniques, sont en majorité des notables qui profitent de leur statut pour contrôler les transactions immobilières et détourner à leur profit la plus-value générée par les opérations de restructuration des douars.

Dans une ville où la moitié seulement des besoins peut être satisfaite par la construction de logements réglementaires, le marché de l'habitat clandestin offre des perspectives plus attrayantes et lucratives. La générosité de l'Etat, qui donne aux populations déplacées non seulement un lot de compensation mais aussi une prime de 10 000 dirhams, a favorisé le développement de ce marché et consolidé, indirectement, ses fondements spéculatifs[1].

Ainsi, l'intervention du ministère de l'Habitat et de ses organismes sous tutelle, qui n'était éclairée ni par des études de faisabilité précises, ni par des évaluations d'étape, ni même par l'identification de la population cible, a contribué beaucoup plus à exclure qu'à intégrer la population mouvante et hétéroclite des douars.

On s'aperçoit, avec le recul, que le malaise de ces agglomérations ne peut être résolu par des moyens strictement sécuritaires ou techniques. L'intégration n'est pas uniquement une affaire de voirie et de raccordement aux réseaux d'eau et d'électricité. Elle est beaucoup plus que cela : une amélioration des revenus et une réhabilitation de l'humanité des douars. L'oubli de la dimension socioéconomique du problème explique pourquoi aujourd'hui, malgré l'effort financier consenti par la collectivité, les habitants des douars semblent encore plus insatisfaits qu'auparavant.

L'échec n'est pas à juger uniquement par rapport aux objectifs que l'Etat se proposait d'atteindre. D'autres retombées négatives sont à évaluer : la densification des quartiers anciens où le recasement des ménages déplacés s'est effectué au détriment des espaces verts ; la densification des douars eux-mêmes, du fait de la restructuration et de l'augmentation de la valeur locative des biens immobiliers (le loyer est multiplié par six après équipement) ; le gaspillage de la réserve foncière, etc.

L'atelier organisé à Marrakech en octobre 1999 par le secrétariat d'Etat chargé de l'Habitat a permis, pour la première fois, de débattre publiquement de la problématique des douars de cette ville. L'idée de marquer une pause et d'évaluer les programmes de restructuration constitue une approche intéressante[2]. En effet, l'Etat ne peut poursuivre la réalisation de ces programmes alors que tous les indicateurs montrent qu'ils constituent dans la réalité beaucoup plus "une subvention à la spéculation" qu'un moyen efficace de lutte contre l'habitat insalubre. Il faut donc non seulement réexaminer la situation des

1. La prime est destinée, en principe, à aider les ménages pauvres à construire leur propre logement. Mais elle sert rarement cet objectif. La presse marocaine a dénoncé récemment ce marché clandestin et ses réseaux de corruption. Le coût d'un logement dans les douars et les bidonvilles a été évalué entre 60 000 et 100 000 dirhams (1 euro étant égal à 10 dirhams environ).

2. Cf. le discours d'ouverture du secrétaire d'Etat à l'Habitat in *Bilan des interventions sur les bidonvilles, op. cit.*

douars existant actuellement, mais penser à l'élaboration d'un schéma directeur de tous les douars proches et même lointains du périmètre urbain de Marrakech. L'attitude du passé, qui consistait à attendre que les problèmes soient posés pour réagir, a conduit à l'impasse actuelle. Si rien n'intervient pour la modifier, elle constituera un important facteur de désintégration de l'ensemble du tissu urbain au profit d'un nouveau paysage où les noyaux de l'habitat réglementaire apparaîtront comme des îlots dispersés au milieu d'une constellation de douars. Tout le problème, maintenant, est de savoir comment réconcilier la ville de Marrakech avec ses douars.

Comment réconcilier la ville avec ses douars ?

Anciennement, on l'a vu, Marrakech ne rencontrait pas de problèmes avec ses douars. Les urbanistes marocains de l'époque précoloniale avaient délimité très tôt l'espace à l'intérieur duquel la ville devait croître et se développer. Au-delà des remparts s'étendait le domaine des vergers et des espaces de culture, maintenus verts et productifs grâce au labeur des habitants des douars. Les effets pervers de la relation entre la ville et les douars ont commencé à apparaître lorsque l'urbanisation a détruit les espaces nourriciers des villages ruraux, finissant par transformer la ceinture verte de Marrakech en une ceinture de pauvreté.

A l'origine, donc, c'est la ville qui a agressé les douars et ouvert une ère d'hostilités difficiles à désarmer aujourd'hui. Pour analyser cette situation, je prendrai l'exemple des douars Sraghna et Aourad, situés au nord-ouest de Marrakech, le long de la route de Casablanca. Ces deux douars retiennent l'attention pour plusieurs raisons : ils sont très anciens et représentent le modèle des villages ruraux qui ont bâti les paysages caractéristiques de la cité-jardin de Marrakech ; de plus, un de ces villages a bénéficié, récemment, des programmes de restructuration.

L'analyse de l'évolution de ces douars dévoile un processus qui s'est accompli en deux phases : une première phase où la ville est intervenue contre les douars, puis une phase réactive, marquée par l'utilisation des douars contre la ville. C'est pour atténuer ce conflit, produit d'une urbanisation centralisée, agressive et non concertée, que je propose une nouvelle approche destinée à réconcilier Marrakech avec ses douars et à promouvoir une gestion participative des problèmes urbains.

Les deux douars, situés dans l'extension ouest de la Palmeraie, avaient réussi depuis longtemps à développer et à entretenir de grands espaces agricoles et horticoles. Les ressources hydrauliques souterraines, captées grâce au système des *khettara* (galeries drainantes souterraines), ont servi à la fois à l'irrigation et à l'alimentation des populations en eau potable. La décision de diriger les collecteurs des eaux usées de Marrakech vers cette zone peuplée de jardins et de jardiniers a eu des conséquences très graves sur la santé des habitants et sur la vie économique de ces douars : une surface horticole a été transformée en zone d'épandage et noyée dans une marée d'eaux sales et infectées.

Il est intéressant de voir comment les habitants de ces douars ont réussi à transformer cette calamité d'origine humaine en un "bienfait". Ils ont vite compris tout le parti qu'ils pouvaient tirer des eaux des égouts pour irriguer les cultures arbustives et parfois même maraîchères. En quinze années d'observation, on a vu s'étendre et se déployer toute une bande de cultures diversifiées et extrêmement intensives. Ici, la terre produit sans répit, indifférente à la sécheresse et au stress hydrique. Il faut peut-être se tourner vers la France ou les Etats-Unis pour trouver des performances comparables à celles que les jardiniers de ces *huertas* (zones irriguées en Espagne) clandestines réalisent chaque année, dans l'indifférence générale des agronomes et de ceux qui observent les rendements agricoles. Là aussi, comme dans les zones d'irrigation traditionnelle, les hommes déploient des trésors d'ingéniosité pour capter l'eau et la conduire, par les seguias (canaux principaux) et les *mesref* (canaux secondaires), jusqu'aux parcelles cultivées. Le génie répartiteur dont parlait Jacques Berque à propos des irrigateurs montagnards du Haut-Atlas, on le retrouve également dans cette zone d'épandage où le paysage est verdoyant toute l'année. Mais à quel prix ?

En fait, c'est au prix de la santé humaine que se réalise le miracle de ces "jardins au noir". Et le douar, sans le savoir et par simple réflexe de survie, renvoie à la ville une partie de ses rejets sous forme de fruits et de produits maraîchers. Il existe également d'autres moments où le "rural" prend sa revanche sur la cité : lorsque des politiciens malintentionnés exploitent la pauvreté des habitants de ces villages et leurs voix électorales contre la démocratie.

Face à ces antagonismes, que faire ? L'Etat, en dehors des interventions à caractère sécuritaire et technique, n'a pas d'autres projets. Il continue, au risque de décevoir ceux qui croyaient aux promesses faites à la fin des années 1990, à exécuter ses programmes sans prendre le temps de tirer les leçons du passé récent. Pourtant, l'échec de l'opération de Diour al-Masâkîn, destinée à recaser les habitants pauvres des fondouks (caravansérails) de la médina à la fin des années 1960, montre les limites de toute action qui privilégie l'habitat au détriment d'autres mesures d'accompagnement (emploi et amélioration des revenus).

Certes, tout observateur objectif est obligé de reconnaître aujourd'hui le rôle des équipements de base dans l'amélioration de l'hygiène et du bien-être de la population du douar Sraghna. Mais, d'un autre côté, l'Agence nationale pour la lutte contre l'habitat insalubre (ANHI) s'engage dans la réalisation d'une nouvelle ville de plusieurs milliers d'habitants, sans réfléchir aux retombées écologiques et socioéconomiques d'un tel projet. Les deux douars qui constituent l'environnement immédiat de ce projet concentrent une population de 3 000 habitants environ. La moitié au moins de cette population vit directement ou indirectement de l'agriculture, de l'élevage et de l'artisanat, autrement dit, d'activités liées aux espaces jardinés. L'urbanisation programmée de cette zone signifie, dans l'immédiat, la perte de quelque 1 000 emplois et un manque à gagner pour les foyers qui vivent de ces activités. Elle signifie aussi la destruction de l'équilibre écologique de la ville, la disparition de l'extension ouest de la Palmeraie et la fragilisation de l'ensemble du tissu urbain.

J'invite les architectes à abandonner un instant leurs planches à dessin et à observer, du haut de Koudiat Laâbid, ce que sera le paysage urbain de demain, une fois le programme de l'Etat achevé : une concentration de béton qui n'en finit pas, rejoignant l'épaisseur du bâti du quartier industriel de Sidi Ghanem et, au-delà, les lotissements d'Azzouzia et de Targa. La boucle sera bouclée lorsque cette étendue minérale aura fusionné avec les extensions anarchiques des douars Koudia et Akioud. C'est l'Etna en préparation, un volcan social dont l'éruption sera fatale pour l'avenir de la ville et de son patrimoine culturel et historique.

A-t-on suffisamment médité le cas de Hay Massira, une nouvelle ville créée à grands frais, sans équipements socioéducatifs suffisants et sans espaces verts ? A-t-on entendu le cri d'alarme lancé par les associations de ces nouveaux quartiers qui souffrent déjà des conséquences de la délinquance et de la mal-vie ? On doit pouvoir aujourd'hui, avec le changement que connaît le Maroc, mettre un frein à l'appétit lotisseur de l'Etat et à ses agressions contre le paysage et les espaces nourriciers.

L'observation de la zone à aménager sur une durée assez longue (une quinzaine d'années) nous montre suffisamment où est l'intérêt des populations des douars étudiés (Sraghna et Aourad-Kharbouch). Il est dans l'agriculture, l'irrigation et le jardinage. Seuls de vrais paysans peuvent continuer à jardiner malgré la dégradation des ressources hydrauliques et la substitution des eaux sales aux eaux propres. Ces hommes et ces femmes de condition modeste nous montrent depuis longtemps déjà la voie à suivre pour résoudre leurs problèmes. Ils ne veulent pas quitter leur terre pour les taudis de la médina ou pour les cages à lapins que l'Etat leur propose et où ils risquent d'étouffer.

Cependant, pour que cette solution alternative puisse réussir, il faut hâter l'exécution du projet de création d'une station de traitement des eaux usées. Cette station aura pour but d'épurer les eaux et de les rendre propres à l'irrigation. Grâce à cette technique, qui a fait ses preuves dans beaucoup de pays, on pourra rétablir les habitants des douars dans leur dignité de paysans et d'horticulteurs. Le jardinage sortira de la clandestinité pour redevenir la profession honorable qu'il était auparavant. Et l'on pourra probablement voir fleurir à nouveau un morceau de la cité-jardin perdue.

Les sceptiques parleront, là aussi, d'utopie. Mais l'idée même de cité-jardin ne fut-elle pas une utopie que les urbanistes arabes du passé ont rendue possible ? Ils ont légué, à Marrakech, un modèle de cité-jardin bien accompli. Il suffisait, comme le disait Jean-Claude Nicolas Forestier, de produire la législation adéquate et de veiller à son application pour protéger et conserver ce capital vert.

La solution que je propose aujourd'hui, et qui vise à conserver et à renforcer les derniers carrés jardinés de l'extension ouest de la Palmeraie, repose sur quelques arguments solides. Le premier est d'ordre hygiénique : la construction d'une station d'épuration représente une mesure de salubrité publique face aux risques de contamination par les eaux usées. Ces risques, aujourd'hui réels pour la population des douars, peuvent toucher les habitants d'autres quartiers. Le second argument est de nature économique. On a vu que l'urbanisation de cette zone se soldera par la perte d'emplois et l'accroissement du chômage. Par contre, la solution proposée a l'avantage inestimable de pouvoir développer de nouveaux gisements d'emplois et de revenus grâce aux cultures intensives et à la diversification des métiers du jardinage. On peut penser également aux possibilités offertes par la valorisation du patrimoine hydraulique de ces douars (*khettara*, seguias…) et par son recyclage en liaison avec la promotion du tourisme culturel. Le troisième argument est d'ordre écologique : en effet, le maintien et la conservation de la Palmeraie constituent un aspect essentiel de la sauvegarde de la biodiversité de toute une zone menacée par l'urbanisation. Enfin, non seulement la solution proposée permet d'accroître et de diversifier les revenus des habitants des douars, mais elle facilitera aussi l'intégration sociale des populations marginales.

Le plus urgent actuellement est de desserrer l'étau de l'urbanisation. Il faut aérer la ville, la déminéraliser et revitaliser ses poumons. Les deux douars étudiés, et tous ceux qui occupent dans le périmètre urbain un site à haute valeur écologique et naturelle, peuvent constituer les points d'appui du futur Schéma directeur des espaces verts de Marrakech. Plus l'on tarde à élaborer ce schéma et à le mettre en vigueur, plus les solutions à venir seront coûteuses. Nous avons déjà perdu beaucoup de temps. Quant à l'imprévoyance des pouvoirs locaux et à la légèreté avec laquelle ils ont considéré les problèmes urbains, elles se paient aujourd'hui par l'augmentation du nombre de pauvres et des dysfonctionnements économiques et sociaux.

Il n'y a plus que deux solutions : ou continuer les options du passé, ce qui nous conduira à la situation de la mégalopole de Casablanca avec toutes les conséquences qu'on connaît ; ou oser le changement de cap avec rigueur et détermination. Il faut agir rapidement, non seulement pour conserver ce qui reste de l'héritage de la cité-jardin, mais aussi pour l'augmenter au bénéfice de toutes les générations à venir. C'est devant elles que nous serons comptables de nos actes : les bons et les mauvais.

CHAPITRE II

LE PATRIMOINE ARCHITECTURAL ET ARTISANAL : ENTRE SPÉCULATION ET PAUVRETÉ

Le patrimoine architectural et artisanal de Marrakech est menacé par deux fléaux : la spéculation et la pauvreté. On essaiera, dans ce chapitre, de déterminer si les fondouks-caravansérails et la condition artisanale pourront encore résister longtemps à l'absence de programmes de restauration et de sauvegarde.

I. GRANDEUR ET DÉCADENCE DES FONDOUKS-CARAVANSÉRAILS

Les fondouks, qu'on traduit généralement par le terme de "caravansérails", constituent un des riches aspects du patrimoine urbain de la ville de Marrakech. L'histoire de ces organismes marchands est aussi vieille que la cité elle-même. D'où l'intérêt de donner un aperçu sur l'évolution historique de ces fondouks depuis l'origine jusqu'à nos jours, de préciser le vocabulaire qui sert à les désigner, ainsi que quelques-unes de leurs fonctions et structures. L'étude du passé des fondouks nous aidera à établir un diagnostic de la situation présente et, surtout, à comprendre le processus qui les a transformés en refuges de la pauvreté urbaine. L'exploitation des résultats d'enquêtes socioéconomiques effectuées à des époques diverses (1961, 1972, 1989 et 1995) nous permettra de dégager le profil des ménages, leurs conditions de vie et d'habitation et, en fin d'analyse, de discuter les éléments d'une stratégie d'intervention susceptible de limiter les effets de la surdensification qui menace d'une dégradation irréversible non seulement les fondouks, mais l'ensemble du centre historique de Marrakech.

Les lexicographes arabes ont élaboré, dès le Moyen Age, une terminologie spécifique pour désigner les caravansérails. On parle ainsi, selon les régions géographiques de l'Islam, de *khân*, de *fondouk* ou de *wakâla. Khân* est un nom persan. Son étymologie renvoie au mot *hânût* (boutique) d'origine araméenne. En turc, il désigne un local à usage artisanal ou commercial. On l'utilise aussi pour parler des gîtes d'étape qui servent au logement des caravanes commerciales. *Khân* est également synonyme de grand magasin[1].

Si l'on en croit le lexicographe Ibn Mandhûr (XIIe siècle), le mot *fondouk* serait lui aussi d'origine persane. Il désigne dans l'étymologie syrienne les nombreux khans qui jalonnent les routes commerciales[2]. En outre, ce mot peut avoir d'autres significations : hôtel pour les marchands et les voyageurs, feuille de calcul, document comptable, etc.

Quant au terme *wakâla* (pluriel *wakâlât*, ou agences), il dérive du mot arabe *wakîl* qui veut dire mandataire ou gérant. Cette appellation a surtout été utilisée en Egypte depuis l'époque fatimide (XIe siècle). L'historien Al-Maqrîzî l'interprète encore, au XIVe siècle, dans le sens de khan ou de fondouk[3].

Si les dénominations du caravansérail varient suivant les lieux et les époques, on peut constater qu'aujourd'hui, la plupart des pays arabes semblent se fixer sur le choix d'une désignation à l'exclusion des autres. C'est ainsi qu'en Syrie et en Irak la préférence est donnée au mot *khân*, en Egypte et en Tunisie à celui de *wakâla (ouakala)* et au Maroc à celui de *fondouk*, par fidélité au modèle de l'Andalousie musulmane.

La structure architecturale des caravansérails a très peu varié au cours du temps. On peut la réduire presque partout au modèle de base suivant : une entrée simple ou monumentale qui donne accès à une vaste cour carrée ou rectangulaire, à ciel ouvert et entourée sur les quatre faces de galeries sur lesquelles s'ouvrent des boutiques et les étages réservés au logement des marchands et des voyageurs. Les rez-de-chaussée servent généralement d'entrepôts et d'écuries pour les animaux. Au milieu de

1. Rifâat Moussa Mohammed, *Al-wakâlât wa-l buyûtât al-islâmiyya fî misr al-'utmâniyya (Les Wakâla et résidences islamiques dans l'Egypte ottomane)*, éd. Al-Dâr al-misriyya al-lubnâniyya, Le Caire, 1993, p. 43.
2. Ibn Mandhûr, *Lisân al-'Arab*, éd. Dâr Sâdir, Beyrouth, 1956.
3. Rifâat, *op. cit.*, p. 52.

la cour se trouve un point d'eau qui peut être un simple puits, une fontaine ou un bassin plus grand et, occasionnellement, un coin de verdure. Selon les époques et les lieux, les caravansérails peuvent bénéficier d'équipements structurants qui garantissent leur autonomie vis-à-vis de l'extérieur (bain maure, four, lieux de culte…). Les architectes concepteurs des caravansérails ont donc tenu à regrouper dans le même espace les magasins servant d'entrepôts pour les marchandises, les locaux pour héberger les marchands et les voyageurs, les boutiques de commerce, les écuries et tous les équipements nécessaires au confort des habitants.

Ces établissements s'adonnaient au commerce de gros et de détail et jouaient un rôle essentiel dans les opérations d'import-export. Certains s'étaient spécialisés dans l'échange des produits de base (grains, huiles, sucre, dattes, sel…), des objets rares et précieux ou des produits du commerce à longue distance[1].

Le fonctionnement interne des caravansérails est resté très peu connu jusqu'à une date récente. On sait aujourd'hui que ces organismes commerciaux pouvaient bénéficier d'un encadrement spécifique composé d'un personnel nombreux et assez spécialisé : un administrateur, ou un consul quand il s'agit des étrangers ; un commissaire-priseur ; des agents intermédiaires pour faciliter les opérations d'achat et de vente ; un traducteur-interprète ; un portier pour surveiller les entrées et sorties et s'occuper de la collecte des loyers ; un agent chargé de la pesée ; un notaire ; des témoins, des porteurs et un juge des marchés[2].

Le développement historique des caravansérails doit être relié à l'expansion urbaine et marchande du monde arabo-musulman au Moyen Age. En effet, du VIIIe au XIIe siècle, c'est dans cette région du Vieux Monde que se trouvaient les centres moteurs de l'activité économique et culturelle. L'essor urbain fut marqué par la création de villes puissantes qui furent à l'origine d'une circulation marchande intense. Ces villes avaient de vastes maisons à cours intérieures et à galeries non seulement pour assurer le transit des marchandises, des animaux et des biens les plus précieux, mais aussi pour protéger les commerçants. Quand on sait que les caravanes réunissaient souvent 5 000 à 6 000 dromadaires qui pouvaient transporter une charge comparable à celle d'un gros voilier, on comprend mieux le

1. A. Raymond, *Grandes villes arabes à l'époque ottomane*, éd. Sindbad, Paris, 1985, p. 248-259.
2. Rifâat, *op. cit.*, p. 70 *sq.*

rôle des fondouks dans l'intensification des courants d'échange internationaux.

Le nombre de caravansérails étant un indice sûr de l'activité économique d'une ville[1], on ne peut s'empêcher ici de donner quelques exemples qui illustrent le développement de ces établissements et leur fonctionnement, des siècles durant, comme symboles de l'opulence marchande des cités musulmanes.

Les Almoravides, fondateurs de la ville de Marrakech, ont fait appel, dès le début, à des architectes andalous pour la construction des fondouks. Depuis cette date, le nombre de ces établissements n'a cessé d'augmenter. Le géographe Al-Idrîsî (XIIe siècle) a recensé 970 fondouks à Almería. Il y aurait eu à la même époque 477 fondouks à Fès[2]. Al-Ansârî, plus tardif (XVe siècle), avance le nombre de 360 fondouks pour Sebta. Le Grand Fondouk *(al-funduq al-kabîr)*, le plus important, disposait de 52 magasins dont la capacité s'élevait à des milliers de quintaux de blé. Par ses deux portes monumentales, il pouvait absorber des caravanes entières avec leur chargement. On cite pour la même ville le cas du fondouk Ghanem, destiné à l'hébergement des marchands et des voyageurs. Cet édifice, construit sur trois étages, renfermait 80 chambres et 9 appartements. La même source mentionne le fondouk de l'Oranais *(al-wahrânî)*, spécialisé plutôt dans la vente des matériaux de construction (briques cuites, chaux...). Tous ces caravansérails étaient d'une grande beauté architecturale et disposaient de voûtes et de piliers en marbre[3].

Léon l'Africain nous donne, pour sa part, des renseignements plus complets sur l'état des fondouks de Fès au XVIe siècle. "Il y a dans Fès, dit-il, deux cents hôtelleries vraiment très bien construites. Certaines sont extrêmement spacieuses, celles qui sont voisines du grand temple entre autres, et toutes comportent trois étages. Il en est qui ont cent vingt chambres, d'autres plus. Toutes sont munies de fontaines et de latrines avec leurs égouts pour l'évacuation des immondices[4]." Aujourd'hui, si la ville

1. A. Raymond, *op. cit.*, p. 251.
2. Torres Balbas Leopoldo, "Las alhondigas hispanomusulmanes y el Corral del Carbon de Granada", in *Al-Andalus*, XI (1946), p. 447-480.
3. Al-Ansârî al-Sabtî, *Ikhtisâr al-akhbâr*, éd. arabe de M. Abdelwahab b. Mansûr, Rabat, 1983, p. 38.
4. Léon l'Africain, *Description de l'Afrique*, trad. fr. d'A. Epaulard, vol. I, Maisonneuve, Paris, 1981.

de Fès a été amputée d'une grande partie de ses fondouks, force est de constater que ceux qui restent sont tous alimentés en eau potable et bénéficient de l'accès au réseau d'assainissement.

"Mais, ajoute l'auteur, bien que ces hôtelleries soient belles et grandes, elles constituent un détestable logement, car elles ne comportent ni lits, ni literie. L'hôtelier fournit au locataire une couverture et une natte pour se coucher. Si ce dernier veut manger, il faut qu'il s'achète des aliments et les donne à cuire. Il n'y a pas que les étrangers qui logent dans les hôtelleries, mais tous les hommes veufs de la ville qui n'ont ni maison, ni parents. Ils occupent une chambre seuls ou se mettent à deux dans une chambre et se procurent eux-mêmes leur literie et font leur cuisine[1]." Les fondouks constituaient donc un habitat privilégié pour les étrangers, les ruraux de passage et les célibataires de la ville. "Les hôtelleries, remarque Léon l'Africain, sont fréquentées constamment par tous ceux qui mènent la vie détestable la plus déplorable. Les uns y vont pour s'enivrer, les autres pour assouvir leur luxure avec des femmes vénales... Les hôteliers ont un consul et paient une redevance au gouverneur[2]." Outre ces caravansérails pour pauvres et marginaux, l'auteur en cite d'autres "où logent les négociants d'une classe supérieure".

Les renseignements fournis par Léon l'Africain nous donnent une description assez fidèle de l'état des fondouks à son époque. On peut constater que certaines fonctions n'ont pas varié au cours du temps et sont toujours d actualité.

La ville de Marrakech a connu, depuis sa fondation, un mouvement de construction de fondouks, à l'instar de Fès et d'autres villes du Maroc. On ne dispose pas d'informations sur le nombre exact de ces fondouks. Mais on sait qu'ils ont connu un développement important au moment de l'apogée de l'activité commerciale et de la confirmation de la ville dans son rôle de capitale d'empire. La renaissance du commerce lointain au XVIe siècle a stimulé la création de caravansérails pour les marchands étrangers. On cite souvent le cas du fondouk de la Douane (dit aussi fondouk des Chrétiens), édifié en 1547 pour encourager les échanges avec l'Europe[3]. Ces fondouks se situaient généralement dans les grands centres commerciaux, près des portes et des grandes places de la ville. Parmi les fondouks les plus anciens,

1. *Ibid.*
2. *Ibid.*, p. 191.
3. G. Deverdun, *Marrakech des origines à 1912*, Editions techniques nord-africaines, Rabat, 1957, p. 248.

on peut citer les fondouks Al-sukkar (le sucre), Al-malh (le sel), Al-nâranj (le bigaradier), etc. Certains de ces établissements se sont transformés en maisons particulières, d'autres ont disparu[1].

P. Lambert note en 1868 l'existence, à Marrakech, de fondouks qui servaient de comptoirs et de magasins pour les marchands de gros. Les principaux étaient les fondouks Rangia (lire *naranja*, la bigarade), Djedid (le nouveau), Selem, Haj al-Arbi et Sidi Amara. Ces fondouks fermaient généralement la nuit pour se protéger contre les voleurs. "Outre ces fondouks occupés par les négociants, ajoute-t-il, il y en a encore une centaine, moins bien tenus, sales et incommodes, servant pour les Arabes étrangers et leurs montures, ânes et chameaux. Un voyageur descendant dans ces fondouks paie deux *mouzouna* (0,01 euro) par jour pour sa monture et une *mouzouna* (0,006 euro) pour son abri personnel. Le maître de l'établissement est responsable des animaux en cas de vol ; quant à la nourriture, chacun fait comme il peut[2]."

Cette description confirme la distinction entre les fondouks pour riches et les fondouks pour pauvres et nous renseigne, entre autres, sur le montant des loyers, qui restait modique (équivalent à ce que payait une personne pour entrer au bain maure).

Jusqu'à la fin du XIXe siècle, la construction et l'entretien des fondouks sont restés une préoccupation permanente de l'Etat marocain, que ce soit pour encourager le commerce ou pour résoudre le problème du logement des pauvres de la ville. L'époque du règne du sultan Moulay Abdelaziz nous donne un exemple de cette préoccupation : en 1893, on procéda à l'agrandissement du fondouk Al-Darâwich (des pauvres) pour loger davantage de nécessiteux. Le montant des dépenses s'éleva à 15 307,5 *ouqiya* (soit 360 euros)[3].

A la veille du protectorat (1912), Marrakech hérita d'un grand nombre de fondouks – plus d'une centaine –, qui ne présentaient pas tous un grand intérêt architectural et artistique. Certains étaient imposants, richement décorés et représentatifs de l'urbanisme domestique d'une ville longtemps restée capitale

1. *Ibid.*, p. 356 et 388.
2. P. Lambert, "Notice sur la ville de Marrakech", in *Bulletin de la Société de géographie de Paris*, 1868, p. 36. La *mouzouna* représente 0,72 gramme d'argent et l'*ouqiya* 2,9 grammes d'argent (cf. G. Ayache, *op. cit.*, p. 126).
3. Registre des recettes et des dépenses du bureau de Marrakech *(Kunnâsh al-dâkhil wa-l-khârij)*, manuscrit D. 1690, salle des Archives, Rabat.

d'empire. D'autres, peut-être les plus nombreux, étaient de dimensions plus modestes, dénués de toute ambition architecturale et servaient au logement des ruraux de passage et des miséreux de la ville.

Le fait que ces établissements mercantiles ont constitué, de tout temps, un placement rentable a longtemps encouragé leur promotion, surtout pour les fondations pieuses *(habous, waqf)* intéressées par leur valeur locative. Ils ont continué ainsi à jouer un rôle essentiel dans la régulation des flux commerciaux, jusqu'à leur transformation durant la période coloniale.

Pendant le protectorat (1912-1956) : vers un habitat précaire

Les fondouks, qui avaient été les supports du capitalisme marchand médiéval, vont se transformer peu à peu en structures d'accueil pour la pauvreté urbaine. Les causes lointaines de leur déclin sont à chercher dans le déplacement des routes du commerce de la Méditerranée vers l'Atlantique et dans la fin du rôle joué par Marrakech en tant que centre d'affaires international. Retenons également des facteurs plus récents : exode rural massif de l'entre-deux-guerres et surdensification puis taudification de la médina.

Marrakech, capitale régionale du Sud, va constituer, à partir des années 1920, un pôle d'attraction privilégié pour les ruraux qui affluent vers l'espace historique. Entre 1910 et 1930, la population musulmane a gagné près de 60 000 nouveaux habitants. Le mouvement s'est amplifié entre les deux guerres ; en 1950, la population totale avait doublé par rapport à 1912 (près de 186 000 habitants). Cet exode rural s'explique par la prolétarisation de la paysannerie, la désagrégation des structures traditionnelles, le développement du salariat et l'attraction des nouveaux marchés de la colonisation (création d'emplois dans le bâtiment et le secteur de l'infrastructure économique et sociale). Entre 1910 et 1936, la ville de Marrakech a drainé 11,8 % du nombre total d'immigrants, devenant ainsi la deuxième destination après Casablanca[1].

En l'absence d'un plan d'aménagement de la médina, le résultat de ce mouvement de population fut une extension anarchique

1. A. Zfzaf, *La Médina de Marrakech : étude de géographie urbaine*, thèse de 3e cycle, université d'Aix-en-Provence, 1985, p. 115-116.

de l'urbanisation, la consommation des espaces verts qui constituaient les deux tiers de la ville, le morcellement des *riyâd* (grandes maisons bourgeoises) et la taudification de l'aire historique. A ces phénomènes s'ajoute celui de la "ruralisation".

"Aucune politique cohérente de logement n'ayant été entreprise, écrit A. Mandleur, l'excédent de la population à revenus nuls ou faibles s'installe clandestinement et aux moindres frais. C'est l'apparition d'un habitat précaire différent, dans son aspect, de celui des bidonvilles de Casablanca[1]."

"La médina, constate M. de Leenheer, qui devait être jusqu'au début du siècle un modèle d'organisation spatiale, a connu depuis une densification et une dégradation progressives ; son adaptation aux rythmes et aux aspirations d'aujourd'hui s'avère particulièrement malaisée, sinon impossible[2]."

Ainsi, les fondouks, tout en conservant quelques-unes de leurs fonctions historiques (hôtel, magasin, écurie), vont se transformer graduellement en habitat permanent, densifié et insalubre.

De 1956 à nos jours : le phénomène de la "fondoukisation"

Nous définissons la "fondoukisation" comme un processus de transformation graduelle des caravansérails et d'abandon de leurs fonctions historiques au profit d'un habitat permanent et précaire, où s'entassent plusieurs ménages pauvres. Un logement est "fondoukisé" quand il est occupé par quatre ménages et plus qui n'ont entre eux, le plus souvent, aucun lien de parenté ou d'alliance. Les occupants peuvent être dans ce cas des célibataires ou des familles de deux ou plusieurs personnes. Cette définition peut s'appliquer aussi aux anciens *riyâd* (grandes maisons bourgeoises) désaffectés et transformés en cellules d'habitation.

Marrakech a hérité de la période coloniale deux legs difficiles à gérer : les douars spontanés ou périphériques (dont il a été question au chapitre précédent) et les îlots d'habitat insalubre et précaire que représentent essentiellement les fondouks et les *noualas* (huttes) intra-muros. Ce lourd héritage sera périodiquement interrogé et diagnostiqué. Il connaîtra même

1. A. Mandleur, "Croissance et urbanisme à Marrakech", in *Revue de géographie du Maroc*, n° 22, 1972, p. 45.
2. M. de Leenheer, "L'habitat précaire à Marrakech et dans sa zone périphérique", in *Revue de géographie du Maroc*, 1970, p. 45.

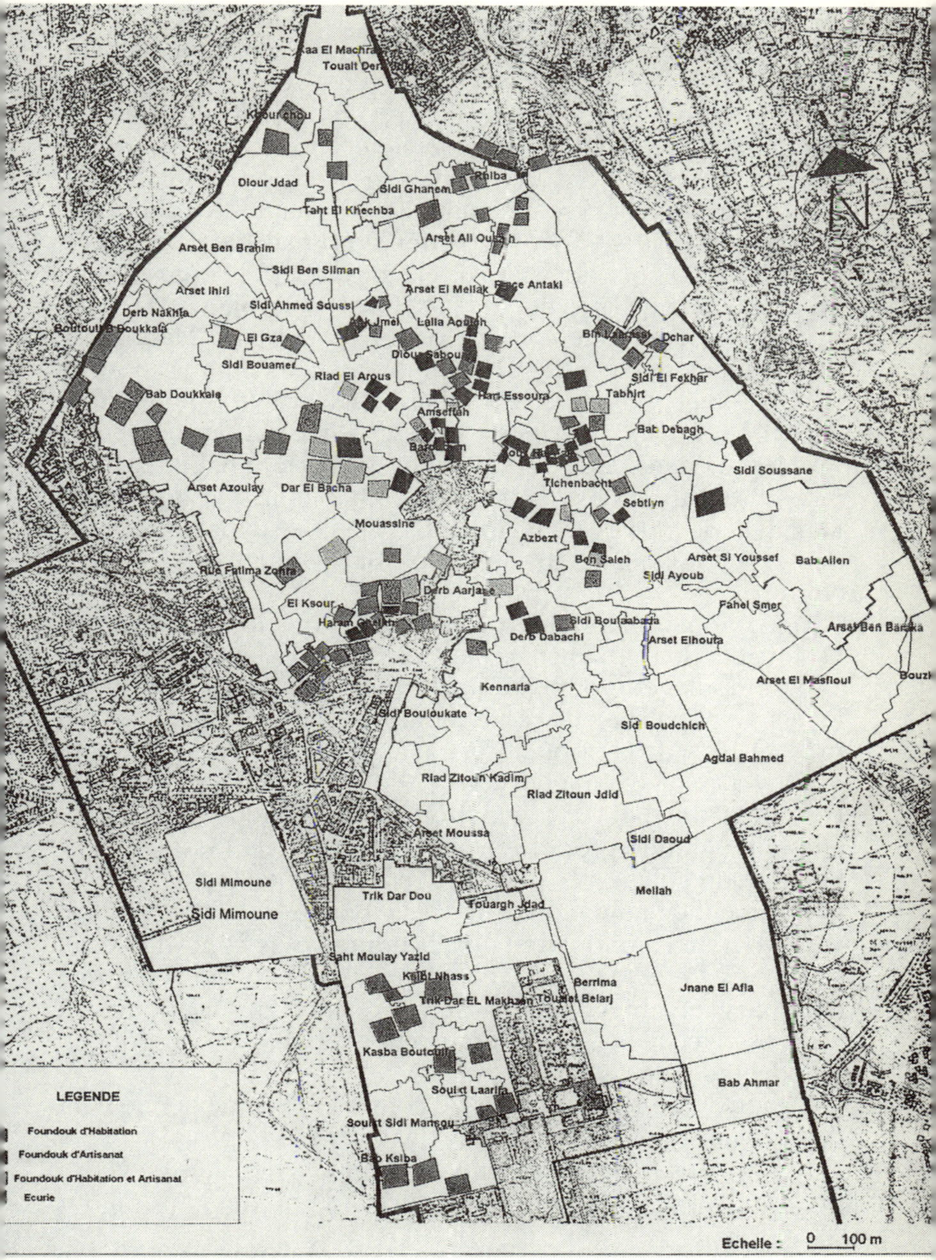

Les fondouks de la médina de Marrakech.

(Source : S. Belkziz et A. Hicham, étude architecturale de la médina de Marrakech en vue de sa sauvegarde, août 2000.)

au début des années 1960 une tentative de solution. Puis, durant les trois dernières décennies, il semble que l'action ait été paralysée. L'Etat et les institutions gestionnaires de la ville ont "laissé faire le temps", se contentant de recueillir par moments des informations sur la situation générale des fondouks, sans intervention notable. Ils ont adopté vis-à-vis de ce problème la position du médecin qui préfère multiplier les diagnostics plutôt que d'intervenir pour stopper l'évolution de la maladie. La connaissance est certes nécessaire, mais elle ne suffit pas pour résoudre un problème que l'inaction ne fait et ne fera qu'aggraver.

La période qui s'étend de 1956 à 1976 a connu, à Marrakech, un mouvement d'accélération du processus d'urbanisation. La médina, avec plus de 200 000 habitants (soit le double de sa capacité normale), atteint un niveau de saturation inquiétant. En 1960, la densité de la population à l'hectare habité était de 540, enregistrant des pointes de 723 habitants par hectare au Mellah et de plus de 600 habitants à l'hectare dans les secteurs de Bab Doukkala, Bab el Khmis, Bab Ghmat et le Centre-Nord[1].

Une enquête réalisée en 1961 par la direction régionale de l'Habitat et de l'Urbanisme (DRHU) a réussi à identifier quelque 140 fondouks et groupements de *noualas* occupés par 3 500 foyers. La population de ces fondouks constituait à ce moment-là près de 10 % de la population totale de la médina. La majorité des foyers (soit 85 %) était composée d'une à cinq personnes[2]. L'examen du statut d'occupation de ces fondouks indiquait aussi une grande proportion (plus de 90 %) de locataires[3]. Le faible pourcentage des propriétaires confirme l'existence d'un mouvement de migration de la vieille bourgeoisie de la médina vers les nouveaux quartiers extra-muros, plus confortables et plus aérés. Cette fuite de l'élite urbaine, souvent la plus instruite et la plus solvable, a hâté la transformation des fondouks en espaces d'accueil pour les ruraux et précipité, par conséquent, leur dégradation.

L'enquête de 1961 a permis de constater l'état de dénuement des habitants des fondouks qui vivaient dans la promiscuité et le besoin. Les logements connaissaient des densités élevées : près de dix personnes par pièce de 13 à 15 mètres carrés. Pour

1. A. Zfzaf, *op. cit.*, p. 271-273.
2. A. Mandleur, *loc. cit.*, p. 49.
3. "La résorption des bidonvilles", DRHU, Marrakech, 1961. Cité par A. Mandleur, *loc. cit.*, p. 49.

résoudre ce problème, l'Etat a déclaré insalubres les fondouks de la médina et procédé au recasement des familles dans la cité satellite de Mohammedia, nouvellement créée dans l'espace extra-muros. Une des cinq unités de la cité fut réservée à la réalisation d'un programme de recasement appelé "Trame sanitaire améliorée" (TSA). Entre 1961 et 1965, 3 000 logements préfabriqués furent ainsi construits à des prix avantageux et dans des délais très courts. La surface de chaque lot était de 48 mètres carrés, qui comprenaient une pièce d'habitation, un point d'eau, un W.-C, un patio et un espace disponible pour ajouter une seconde pièce.

M. de Leenheer considère que la réalisation de la TSA fut, à son époque, un progrès incontestable par rapport à l'habitat des fondouks et des douars périphériques. Cependant, il relève deux limites importantes à ce programme ambitieux : d'une part, la surface retenue ne suffisait pas pour un ménage de cinq ou six membres. En plus, un grand nombre de foyers possédaient des animaux domestiques qu'ils pouvaient difficilement loger dans un espace aussi étriqué et si mal approprié. D'autre part, le déplacement de la population de la médina vers la cité Mohammedia n'a pas résolu le problème relatif à l'emploi et aux sources de subsistance[1]. Ces réserves contribuent à expliquer l'échec de l'opération de la TSA, qui fut d'ailleurs abandonnée par l'Etat sans que ses services compétents en tirent les leçons qui s'imposaient.

Beaucoup de familles déplacées loin de la médina, où elles puisaient l'essentiel de leurs ressources économiques, se sont dessaisies de leur logement à des prix dérisoires (3 000 dirhams) et ont regagné leur habitat d'origine. Les îlots insalubres furent vite repeuplés, annulant tant d'efforts et de bonnes intentions. On aurait pu s'attendre à ce que la DRHU procède à une évaluation scientifique du programme de la TSA, qu'elle rectifie le tir et s'engage dans des voies alternatives. Mais il semble que l'Etat ait opté pour une politique de laisser-faire, pensant que le temps finirait par résoudre un des problèmes cruciaux de la médina : celui de l'habitat précaire des fondouks.

Un examen des tendances de l'urbanisation actuelle s'avère donc nécessaire pour nous aider à interpréter correctement les résultats des enquêtes réalisées et à établir la corrélation positive qui existe entre la surdensification, la "fondoukisation" et l'exode rural.

1. M. de Leenheer, *loc. cit.*, p. 45.

Quiconque observe le mouvement d'urbanisation de Marrakech depuis le début des années 1970 jusqu'à nos jours ne manque pas d'apprécier les efforts accomplis en matière de logement. Les surfaces urbanisées sont passées de 2 000 hectares en 1971-1974 à 3 700 hectares en 1986-1988. La promotion immobilière publique (ERAC/Tensift, délégation de l'Habitat, ANHI…) a joué un rôle important dans l'accès à la propriété pour des ménages solvables venant de la médina ou d'autres zones surdensifiées.

Si, dans l'action de l'Etat comme dans celle des promoteurs immobiliers privés, ce sont les quartiers extra-muros qui ont été privilégiés, la médina a continué, malgré l'extension de certains équipements de base (eau, électricité, téléphone…), à constituer une zone marginalisée. Pourtant, le centre historique a toujours occupé une place prépondérante dans l'ensemble urbain de Marrakech.

Au début des années 1980, la médina s'étendait sur 20 % des espaces urbanisés de la ville, fournissait 60 % de l'emploi et concentrait une grande partie de l'activité commerciale, des services et de la production artisanale. Malgré cela, le centre historique a été livré à lui-même, sans plan d'aménagement[1].

Entre-temps, le Maroc s'est engagé dans un long cycle de sécheresses qui a favorisé la reprise de l'exode rural, qu'on croyait ralenti. Le taux de croissance démographique, entre 1982 et 1994, a atteint 3,6 %. Un nouveau découpage administratif est intervenu en 1992, divisant la communauté urbaine de Marrakech en cinq municipalités : Ménara-Guéliz, médina, Méchoir, Sidi Youssef ben Ali et Nakhil (la Palmeraie). En vertu de ce découpage, la superficie de la communauté urbaine a été portée à 18 000 hectares, absorbant les douars périphériques désormais intégrés au périmètre de la ville[2]. Cette extension a consacré le recul de la médina-Méchoir, qui ne constitue plus en 1994 que le tiers de la population totale de la communauté urbaine et près de 12 % de sa superficie.

Il semble aujourd'hui que le centre historique de Marrakech ait atteint son niveau de saturation maximal, avec une population qui oscille autour de 200 000 habitants. Malgré cette stabilisation,

1. J. Pégurier, "La médina de Marrakech entre son passé et son avenir", in *Présent et avenir des médinas (de Marrakech à Alep)*, fascicule de recherche, n° 10-11, Tours, 1982, p. 74.

2. A. Rhellou, "Dynamique de la centralité urbaine à Marrakech", in *Revue marocaine d'économie et de droit comparé*, n° 24, 1995, p. 92 et 104.

les problèmes relevés par J. Pégurier et l'équipe qui a élaboré le Schéma directeur de 1982 n'ont fait que s'aggraver. En effet, la médina continue à fonctionner comme "un réservoir principal des faibles niveaux de vie" (en 1977, 64 % des ménages avaient un revenu mensuel inférieur à 600 dirhams)[1]. L'évolution de la densité urbaine à l'intérieur des remparts n'a fait que s'accélérer de la fin des années 1970 jusqu'au début des années 1980. En 1976, les densités les plus fortes étaient enregistrées au Centre-Nord (785 habitants à l'hectare), à Bab Dbagh (929 habitants à l'hectare) et au Mellah (906 habitants à l'hectare). Ces chiffres élevés étaient pourtant encore inférieurs à la densité excessive enregistrée dans la ville de Fès en 1971 (1 500 habitants à l'hectare)[2].

L'évolution comparée des densités urbaines entre 1982 et 1990 indique, quant à elle, un début de ralentissement de la densification : elles passent d'une moyenne de 629 habitants à l'hectare à 593 habitants à l'hectare[3]. Cependant, la baisse tendancielle de la densité urbaine ne doit pas nous cacher les disparités qui existent entre les zones de chaque arrondissement. En effet, à certains endroits situés au nord et dans la Bahia-Sud, des densités excessives apparaissent, dépassant pour la première fois 1 000 habitants à l'hectare.

Face à cette évolution démographique et urbaine, l'Etat a multiplié, depuis plus de trois décennies, les recensements et les enquêtes. Il nous faudra, par conséquent, à la fois apprécier ces efforts de quantification et nous interroger sur le devenir des fondouks de Marrakech.

Enquêter sans agir

Quand l'économiste cherche à établir le bilan de plus de trois décennies d'évolution du phénomène de la "fondoukisation", il bénéficie d'un atout majeur : une base de données assez bien étalée dans le temps et fiable. Cette base de données fut élaborée par les services de l'Urbanisme et de l'Habitat dès le début des années 1960 et périodiquement actualisée. Il semble bien que le souci de connaître la situation des fondouks et de leurs occupants ait été une préoccupation permanente de l'Etat. Cette

1. J. Pégurier, *loc. cit.*, p. 79.
2. A. Zfzaf, *op. cit.*, p. 273.
3. Données sur la préfecture-médina, service des Statistiques, Marrakech.

avancée réelle de la recherche peut être facilement établie par l'examen du nombre d'enquêtes effectuées (1961, 1972, 1989 et 1995) et l'étendue de leur champ d'investigation[1].

A l'exception de l'enquête de 1995 réalisée par la direction de l'Urbanisme de la province de la médina – enquête en cours d'exploitation et dont on ne connaît pas encore le degré de fiabilité –, le reste des recensements donne des résultats plus homogènes. Nous utiliserons comme base d'analyse et de comparaison les données des enquêtes de 1972 et de 1989. L'enquête de 1989 sera particulièrement privilégiée en raison de son exhaustivité (145 fondouks recensés) et de son intérêt pour les caravansérails à la fois en tant que cadre bâti, lieu d'habitation des ménages et, enfin, comme local à usage professionnel.

Les ménages des fondouks (1 890 ménages) constituent aujourd'hui près de 5 % du nombre total des ménages de la médina. Cette proportion paraît faible, mais on ne doit pas oublier que les conditions de vie de ces ménages sont en partie responsables de l'état de dégradation avancée du cadre bâti de ce qui constitue un des riches patrimoines urbains de la ville de Marrakech.

L'examen des données géospatiales montre que la localisation des fondouks n'est pas le fruit du hasard. Elle est déterminée historiquement par la fonction commerciale de Marrakech et ses rôles de capitale d'empire, et est restée pratiquement fidèle à l'ancienne organisation spatiale de la médina et à sa distribution en zones résidentielle, artisanale, commerciale et de souveraineté. La majorité des fondouks (soit 70 %) est concentrée dans le nord et le centre de l'espace historique. Ils se situent généralement à proximité ou le long des voies carrossables.

Si la localisation géographique est restée plus ou moins inchangée, les fonctions des fondouks ont beaucoup varié, surtout à partir des années 1930, lorsque la zone centrale s'est déplacée du nord de la médina vers la place Jamaa Lafna. Ce déplacement a favorisé l'envahissement des locaux par les métiers de l'artisanat et précipité leur "bazarisation".

Ces données permettent-elles de préciser la typologie des fondouks de Marrakech ? On distingue généralement cinq types de fondouks à partir soit de leur situation géographique, soit de leurs fonctions : les fondouks de porte, situés à proximité des

1. Jacques Pégurier, *Fondouks. Enquête 1972*, municipalité de Marrakech, DRHU ; médina-Marrakech : *Réhabilitation des fondouks*, ministère de l'Habitat, direction régionale du Tensift, juin 1991 ; *Fiche technique synthétique concernant les fondouks*, division d'Urbanisme, Marrakech-médina, 1996.

ouvertures qui saignent les remparts (Bab el Khmis, Bab Dbagh…) et près des souks hebdomadaires ; les fondouks entrepôts qui jouxtent les souks ; les fondouks écuries, localisés dans l'arrondissement sud et servant de parcs pour les calèches et les charrettes ; les fondouks ateliers où se localisent les métiers de l'artisanat (Centre, Bab Doukkala) ; enfin, des fondouks de logement, concentrés surtout dans le nord de la médina.

Cette classification n'exclut évidemment pas la polyvalence, qui reste la caractéristique principale de ces caravansérails où peuvent coexister différentes fonctions (logement, commerce, artisanat, écurie…). La lecture de la carte des localisations permet de constater cependant que les fondouks à usage locatif représentent plus de 50 % des fondouks et accueillent plus de 80 % de la population (selon l'enquête de 1989).

Le surpeuplement des fondouks, leur envahissement par l'artisanat et les bazars de pacotille, la transformation des cours en parking pour calèches et charrettes ou en cellules supplémentaires d'habitation, tous ces phénomènes liés, en fait, au développement d'une économie de survie et qui sont à l'œuvre depuis les années 1930 expliquent la dégradation continue des fondouks et l'altération de leur beauté architecturale.

L'analyse de l'état du cadre bâti montre que la plupart des caravansérails (soit 69 %) comportent deux niveaux. Les fondouks à un seul niveau (28 %) sont en fait des bâtiments en ruine ou anciennement démolis et à nouveau envahis par l'habitat. Seuls quelques fondouks ont conservé une architecture originale et possèdent réellement une valeur artistique.

En 1972, les fondouks ayant conservé une architecture de caravansérail constituaient 42 % de l'ensemble, mais cette proportion n'était plus que de 32 % en 1995. Par contre, les fondouks en mauvais état ont vu leur proportion s'accroître, passant de 34 % (1972) à 41 % (1989) et à 57 % actuellement. La corrélation très forte entre la surdensification et la dégradation du patrimoine architectural des fondouks apparaît très clairement dans le cas de l'arrondissement nord. C'est dans ce quartier surpeuplé, où les densités enregistrent des taux records, que se trouve la plus grande concentration de fondouks en mauvais état (soit 28 %).

Faut-il, dans ce cas, considérer la dégénérescence du cadre bâti comme une fatalité et s'interdire toute action ? Aussi bien l'Etat que les élus locaux et les citoyens de la ville doivent prendre conscience du fait que la dégradation du patrimoine immobilier (fondouks, *riyâd*), qui semble s'engager depuis les dix dernières années dans un processus irréversible, constitue un problème grave. Par conséquent, si des solutions urgentes n'interviennent pas, l'espace historique dans son ensemble sera menacé.

En se basant sur les résultats de l'enquête sur les ménages (1989), on peut également dégager le profil des habitants des fondouks et déterminer leurs conditions de vie et d'existence. La répartition des chefs de ménage selon leur lieu de naissance indique qu'une part de plus en plus importante de cette population (plus de 65 %) est issue de la ville même de Marrakech. Une telle donnée montre que la "fondoukisation" tend à devenir un phénomène structurel, alimenté par les ménages urbains qui se trouvent dans un état d'extrême pauvreté. Une autre caractéristique démographique peut être relevée : la concentration de la strate des jeunes et des adultes (37 % des habitants ont entre 15 et 44 ans) et d'une population non négligeable formée de personnes très âgées (8 % ont un âge supérieur à 65 ans).

L'étude de la répartition des ménages par pièce nous permet de voir que la part des ménages qui vivent dans une seule pièce reste significative (59 % en 1989) malgré son fléchissement (84 % en 1972). Par contre, on remarque une nette progression de la proportion des foyers qui vivent dans trois pièces et plus. Comment interpréter ces chiffres ? S'agit-il d'une amélioration des conditions de logement ?

Apparemment, tel pourrait être le cas si la surface des fondouks était extensible. En réalité, pour desserrer l'étau de la surdensification (en moyenne, 15 ménages par fondouk en 1995), les habitants sont obligés d'ajouter des pièces parasitaires, confectionnées en roseau, en tôle ou autres matériaux de récupération, rompant ainsi l'unité architecturale des caravansérails. Beaucoup plus qu'un signe d'amélioration du bien-être de la population, la progression du nombre de pièces apparaît donc comme le résultat de l'aggravation de la taudification de l'habitat et de sa précarité.

La lecture des données relatives à la profession des ménages permet de constater que la proportion des catégories qu'on regroupe sous la dénomination vague "sous-professions et sans profession" a beaucoup augmenté par rapport au passé (48 % des ménages en 1989 contre 5 % en 1971). En outre, la catégorie des fonctionnaires et professions libérales, qui constituait 3,5 % des ménages dans les sondages précédents, a presque disparu des fondouks d'aujourd'hui. Tous ces faits confirment la tendance des caravansérails à fonctionner comme refuges de la marginalité urbaine.

Le statut d'occupation des logements montre que la part des locataires est la plus importante (80 % de l'ensemble selon l'enquête de 1989), alors que celle des propriétaires est en voie de disparition.

Cependant, avant d'évoquer la structure des loyers, il nous faut analyser les données de la répartition des revenus. Celles-ci, même en tenant compte des précautions d'usage quant à la fiabilité des déclarations de revenus, ne font que corroborer les résultats d'enquêtes précédentes où la médina dans son ensemble apparaît comme un réservoir principal de ménages modestes et à faibles revenus. Ainsi, plus de 80 % des ménages déclarent un revenu inférieur à 1 000 dirhams par mois, mais on peut remarquer que la part de l'arrondissement nord dans la strate des revenus les plus faibles est prépondérante. 85 % des locataires paient un loyer mensuel inférieur à 100 dirhams, ce qui confirme l'existence d'une certaine corrélation entre les faibles revenus et les faibles loyers.

Un autre constat apparaît clairement : la faiblesse des équipements de base des fondouks. En effet, 79 % des logements ne disposent pas de cuisine, 47 % n'ont pas l'eau et 39 % ne sont pas raccordés au réseau électrique.

L'interprétation des données quantitatives nous permet donc de nous apercevoir de la précarité des conditions d'existence des habitants des fondouks. La corrélation entre la surdensification et la dégradation du cadre bâti a été suffisamment établie. On imagine le désarroi d'une population maintenue en économie de survie et qui, bien que peu représentative à l'échelle de l'ensemble des ménages de la médina, est par contre représentative de la marginalité urbaine.

Le devenir des fondouks de Marrakech

La "fondoukisation" ne constitue pas un problème propre à Marrakech ou à d'autres villes du Maroc (Fès, Salé...). On rencontre un phénomène similaire en Tunisie, où il a été analysé en termes d'"oukalisation" (de la racine *ouakala* qui est l'équivalent du mot "fondouk"). Au début des années 1980, une enquête a recensé dans la médina de Tunis quelque 373 *ouakala* composées de 1 532 ménages et concentrant une population de 7 878 individus. Les chercheurs qui ont dépouillé les résultats de cette enquête n'ont pas manqué de relever le sous-équipement des habitations, la dégradation du cadre bâti (54 %

en mauvais état) et la pauvreté de ses occupants[1]. On pourrait multiplier les exemples d'autres villes arabes qui ont vu, au cours du temps, leurs caravansérails se transformer en refuges de la marginalité urbaine.

Ainsi, face au phénomène de la "fondoukisation" qui est appelé à durer tant que durera l'extension de la taudification des médinas, l'expérience historique montre qu'on ne peut résoudre le problème de la précarité de l'habitat dans les espaces historiques en "laissant faire le temps". Car plus on attend, plus la recherche de solutions devient difficile, compliquée et coûteuse. A Marrakech, lors de l'enquête de 1989, les résidents faisaient remarquer à nos enquêteurs qu'ils avaient participé pendant des décennies à un nombre important d'enquêtes, sans que rien n'intervienne pour améliorer leurs conditions d'existence. Cette remarque judicieuse montre que les ménages interrogés attendent des solutions concrètes à leurs problèmes et non des questionnaires qui, une fois remplis, sont vite rangés dans les tiroirs des administrations compétentes et oubliés. Alors, que faire ?

On évoque depuis peu la "dédensification" de la médina de Marrakech. Les statisticiens avancent le nombre de 2 666 logements vacants, soit 7,2 % du parc de logements de la médina en 1990. Cette information a vite été récupérée par les partisans de l'attentisme, qui considèrent qu'il n'y a pas d'urgence à intervenir puisque l'espace historique se dédensifie de lui-même. Ce discours, s'il persiste, risque de conduire à l'aggravation de la situation déjà critique de la médina. L'existence de logements vacants ne signifie pas forcément "dédensification", et même à supposer que ce lien existe, il a peu de rapports avec l'état des fondouks. Car, dans ce cas spécifique, le bas niveau des loyers ne fait qu'augmenter la pression des détenteurs de revenus modestes et des exclus, qui sont de plus en plus nombreux à trouver dans les caravansérails une solution avantageuse au problème du logement. On évoque également la relance du programme de recasement comme alternative au processus de "fondoukisation". Il faut cependant examiner cette proposition avec prudence et bien méditer la leçon des échecs précédents.

En effet, on a depuis longtemps établi une corrélation entre les lieux de résidence et les lieux d'emploi dans la médina. En 1976, 71 % des actifs occupés dans l'espace intra-muros

1. Jellal Abdelkafi, *La Médina de Tunis*, Presses du CNRS, Paris, 1989, p. 95, 146-165.

Médina de Marrakech : état de dégradation des habitations.

(Source : S. Belkziz et A. Hicham, étude architecturale de la médina de Marrakech en vue de sa sauvegarde, août 2000.)

travaillaient à l'intérieur des remparts[1]. L'enquête de 1989 a montré que plus de la moitié des occupants des fondouks exerçaient leur activité dans la médina. On ne peut donc détacher des centaines de familles de leur milieu de survie sans penser sérieusement aux nouvelles opportunités d'emploi. Cette question mérite d'autant plus qu'on y réfléchisse que les limites de l'action passée risquent de jouer à nouveau : la plupart des ménages vivent de petits métiers qui peuvent difficilement s'épanouir en dehors du cadre de l'espace historique de Marrakech.

En conclusion, les solutions au problème spécifique de la "fondoukisation" paraissent devoir s'engager dans les voies suivantes : premièrement, il ne faudrait plus penser le problème des fondouks uniquement d'un point de vue technique et pragmatique, mais aussi dans sa dimension humaine et sociale. Le phénomène gagnerait à être inscrit dans le cadre d'une stratégie d'ensemble de lutte contre la pauvreté urbaine, et plus particulièrement contre celle qui touche le centre historique de Marrakech ; deuxièmement, il serait bon de s'inspirer des expériences en cours dans d'autres villes, au Maroc ou ailleurs (Tunis, Alep...), d'étudier les causes de leur réussite ou de leur échec afin d'élaborer un programme d'intervention réaliste, capable de canaliser l'action des pouvoirs publics et des promoteurs privés et de lui garantir un maximum d'efficacité ; troisièmement, on ne doit pas oublier que les fondouks de Marrakech ne sont pas seulement un héritage architectural et monumental. Les 1 150 locaux à usage professionnel qu'ils renferment montrent qu'ils sont également des lieux d'activités artisanales, commerciales et de services. En tant que tels, ils sont vivants, dynamiques et continuent à évoluer en s'adaptant à une conjoncture économique de plus en plus difficile. L'essentiel, comme le dit bien Jean-Claude David, est de pouvoir réaliser un certain équilibre entre l'action de protection "et une initiative privée, dans la mesure où cette initiative modifie et adapte l'espace sans le détruire[2]".

1. A. Zfzaf, *op. cit.*, p. 215.
2. J.-C. David, "Le patrimoine : architectures et espaces, pratiques et comportements ; les souks et les khans d'Alep", in *Revue du monde musulman et de la Méditerranée*, n° 73-74, 1996, p. 203.

Le mot "artisanat", qu'on rend généralement par l'expression arabe "industrie traditionnelle" *(sinâa taqlîdiyya)*, recouvre, en fait, tout un éventail de formes de production et d'activités qui vont des métiers les plus anciens et les plus traditionnels aux plus modernes et aux plus sophistiqués. La situation est aujourd'hui tellement complexe qu'il est difficile de distinguer ce qui est "industriel" de ce qui est "traditionnel" dans la nomenclature sans cesse renouvelée des activités artisanales.

A Marrakech, l'artisanat peut se prévaloir d'un passé prestigieux lié à la fondation de la ville, à ses rôles de capitale d'empire et de plaque tournante du commerce caravanier ainsi qu'à son rayonnement régional et international. Pour comprendre la situation de ce secteur, qui reste vivant malgré les problèmes qui l'accablent, il convient de retracer sa longue histoire. Car la situation actuelle n'est en fait que l'aboutissement d'un processus historique ; par conséquent, le recours à l'histoire peut nous donner quelques éléments explicatifs. Mais, avant d'aborder les différentes phases de son évolution, il nous faut définir ce qu'est, au juste, l'artisanat, déterminer sa place dans l'économie de la ville et discuter ses principaux problèmes.

Une notion encore à définir

La définition de l'artisanat dans une ville comme Marrakech s'avère un exercice difficile. Car toute réalité où les facteurs humains, culturels, spirituels, économiques et sociaux s'interpénètrent infiniment est difficilement réductible à des éléments susceptibles d'être regroupés en une définition simple. C'est cette complexité qui a fait et de l'artisan et du métier qu'il exerce des catégories mouvantes, presque insaisissables par l'outil statistique et économique moderne.

En effet, on a le choix entre les définitions qui privilégient les critères quantitatifs (volume de la production, nombre d'emplois...), celles qui s'intéressent aux aspects technologiques (force motrice utilisée) ou, enfin, celles qui retiennent les modes d'organisation et de gestion (tenue de la comptabilité, horaires de travail...). C'est dire à quel point le phénomène artisanal à Marrakech est multiforme et pousse souvent les chercheurs en sciences humaines et sociales à se réfugier derrière tel ou tel critère pour se prononcer sur le caractère artisanal ou non des entreprises qu'ils étudient. Souvent, également, les approches, loin de définir le concept, se contentent de privilégier un seul aspect de l'activité artisanale. Même aux yeux du législateur, cette notion reste floue puisque le dahir du 18 janvier 1977 portant création des chambres d'artisanat considère "comme artisan celui qui exerce un travail manuel, pour son propre compte, ou qui est aidé par des membres de sa famille, ou par des apprentis, dont le nombre n'excède pas dix". L'artisanat recouvre ainsi des unités de petite taille, utilisant des techniques de production essentiellement manuelles, excluant entièrement ou partiellement le machinisme et la division du travail.

Un bref aperçu historique pourra nous rappeler les étapes marquantes de l'évolution de cette activité depuis la fondation de la ville de Marrakech jusqu'à nos jours.

Une activité chargée d'histoire

Pendant l'époque précoloniale, l'artisanat a été à l'origine du développement de la civilisation matérielle, culturelle et artistique de la ville. Il est avant tout le produit d'un brassage de populations et d'héritages locaux, orientaux et andalous. Plusieurs éléments font apparaître l'importance de ce secteur : le nombre d'habitants qu'il entretient (estimé généralement à 10 % de la population urbaine) ; sa contribution aux finances publiques et au développement des activités d'exportation ; la satisfaction de la demande locale, tant urbaine que rurale, etc.

Certes, l'artisanat a connu son âge d'or à des moments divers de l'histoire de la ville, mais il semble avoir occupé le premier rôle lorsque la cité est devenue une capitale d'empire. A cette époque, c'est lui qui initiait les mouvements de la conjoncture économique, et la ville tout entière lui paraît redevable d'une grande part de sa richesse et de son opulence. Non seulement l'artisanat nourrissait les circuits de l'économie marchande, mais ses métiers commandaient le schéma d'aménagement urbain, l'architecture des quartiers et des rues. Les artisans, quant à eux, puisaient leur énergie morale dans le réseau des institutions maraboutiques et trouvaient dans les jardins intra-muros un exutoire à la dureté des conditions de travail.

Cependant, peut-on songer au dynamisme des activités artisanales sans rappeler le rôle et l'impact de cette organisation complexe qu'on appelle corporation ? L. Massignon définit cette dernière comme "l'ensemble des maîtres, ouvriers et apprentis exerçant dans la ville un même métier commercial ou industriel[1]". La corporation constitue donc un organisme qui regroupe les artisans d'une même profession. Composée de maîtres, de compagnons et d'apprentis, elle savait se doter d'organes dirigeants qui réglementaient la profession sous le contrôle d'un *amin* élu en principe par les patrons et proposé à la représenter auprès du Makhzen (Etat marocain). Le chef de la corporation avait pour fonction de régler les conflits qui surgissaient entre les artisans ou les opposaient aux tiers. Quand ces conflits étaient trop importants, il en référait à une autorité supérieure, le *mohtasib*, tuteur légal des corporations.

Pendant des siècles, les corporations ont rempli des fonctions économiques (contrôle de la qualité des produits, limitation de la concurrence entre les membres...), syndicales (défense des intérêts de la profession) et sociales (assistance aux membres nécessiteux). Mais il semble que le recul commercial des villes marocaines, dû à la perte du contrôle de la Méditerranée, ait déjà déterminé la sclérose des activités artisanales avant que la concurrence des produits européens, à partir du XIXe siècle, ne leur porte un coup fatal. A ces facteurs lointains s'ajoutent d'autres facteurs : l'affaiblissement des pouvoirs du *mohtasib* sous le protectorat, l'augmentation de la pression fiscale sur les artisans, l'évolution des besoins et des goûts des consommateurs, etc.

Toutefois, la désagrégation des institutions corporatives ne signifie pas que l'artisanat ait alors disparu. Ce dernier a continué à survivre, à travers différentes formes d'adaptation. Au lendemain de l'indépendance, le planificateur proclamait son intention de reconvertir l'artisanat en petite industrie. Cependant, cette transition ayant avorté, on s'est installé dans l'incertitude. La direction de l'Artisanat a été placée sous des tutelles successives : tantôt le tourisme, tantôt la promotion et l'entraide nationale, pour se fixer, enfin, sous le parasol des affaires sociales.

Des chiffres et des maux

On peut diviser l'artisanat de Marrakech en deux grandes catégories : un artisanat productif et un artisanat de services. Le

1. L. Massignon, "Enquêtes sur les corporations musulmanes d'artisans et de commerçants au Maroc", in *Revue du monde musulman*, 1924.

premier comprend un artisanat d'art qui s'occupe de transformer des matériaux divers (bois, cuir, fer, terre...) et de créer des œuvres d'art esthétiques, ainsi qu'un artisanat utilitaire engagé dans la fabrication de produits destinés à satisfaire les besoins quotidiens (poterie, tissage, céramique, tapis...). L'artisanat de services, quant à lui, est composé d'un large éventail de petites professions et de corporations mal répertoriées (maçons, peintres, cyclistes, plombiers, soudeurs, électriciens...).

La typologie des métiers de l'artisanat pose autant de problèmes que sa définition. Pour la réaliser, il convient d'effectuer un recensement démographique de la population concernée et de dresser un répertoire des activités artisanales existantes. On pourra alors connaître le nombre d'actifs occupés, leurs qualifications, le capital investi, la localisation géographique des ateliers, les matières premières utilisées, les conditions de travail, la situation économique des coopératives, le réseau de distribution... Les recensements effectués depuis les années 1960 permettent cependant déjà d'approcher la réalité d'un secteur en mutation permanente.

On estime à environ 9 000 le nombre des personnes qui, pour la médina de Marrakech, travaillent dans l'artisanat, et à une quarantaine le nombre des corporations artisanales. Cet effectif, réparti entre patrons, ouvriers et apprentis, est dominé par les branches du textile, du cuir, du bois et des métaux. La majorité des artisans est originaire de la ville. Leurs activités se répartissent entre l'espace des souks (dominé par le cuir) et ceux du centre, du sud, du nord et de Bab Doukkala (dominés par le textile).

Si la liste des artisans et commerçants de Marrakech publiée en 1931 par Georges S. Colin répertorie près de deux cents noms, force est de constater qu'aujourd'hui, un grand nombre de ces métiers a disparu ou connu des transformations telles qu'il serait difficile de les ranger parmi les activités artisanales traditionnelles. Il convient, par conséquent, d'opter pour une classification moins rigide et plus dynamique. On pourra alors distinguer : les métiers condamnés à disparaître et rejetés hors de la médina ou dans les souks ruraux de la région (fabrication de selles pour les fantasias, de harnais, feutrage, matériel d'équipement agricole traditionnel...) ; les métiers soutenus par le tourisme (teinturerie, tapis, cuir...) ; les métiers modernisés (scierie, tannage, soudure...) ; enfin, les métiers produisant pour le marché local des produits artisanaux populaires ou de luxe.

Vue sur les terrasses de la médina.

Jusqu'au début des années 1980, Marrakech pouvait encore se prévaloir du rang de première ville artisanale du pays (1 ouvrier d'usine pour 7 artisans contre 1 pour 5 à Fès et 1 pour 3 à Rabat). Aujourd'hui encore, la visite de la médina ne manque pas d'attirer l'attention sur la diversité et la richesse des productions artisanales. Malgré l'impression de crise qui domine, on reste admiratif devant ces ateliers exigus, à l'équipement sommaire, encore nombreux pourtant et qui continuent à produire des articles variés, adaptés à la bourse et aux goûts des consommateurs. En fait, ce que l'observateur extérieur ne voit pas, c'est que l'artisanat de production se déplace de plus en plus du centre de la médina vers les ruelles des quartiers périphériques, chassé par des commerçants, des "bazaristes" et tous ces nouveaux venus qui affichent une opulence criarde et arrogante.

Cette constatation nous amène à nous interroger sur la situation actuelle des artisans et leur devenir dans un espace urbain de plus en plus tertiarisé et gangrené par le laisser-aller et le développement des attitudes spéculatives.

Précarité de la condition artisanale

Qu'ils produisent des œuvres d'art ou des objets utilitaires, les artisans sont actuellement soumis au pouvoir de quelques notables qui décident au niveau des coopératives et participent à la dégradation des conditions de l'activité artisanale. On ne peut évoquer le sort de l'artisan sans le lier à celui de la médina vidée depuis longtemps de sa substance et livrée à une densification humaine accélérée. Ce phénomène de population explique le jeu de la spéculation immobilière, la disparition des derniers carrés d'espaces verts et, par conséquent, l'asphyxie d'un espace artisanal autrefois ouvert sur le règne de la nature, où il puisait ses sources d'inspiration et de créativité.

La médina de Marrakech continue encore à concentrer la majorité des ateliers artisanaux, l'essentiel des souks de matières premières et la plus grande partie des produits artisanaux. Une promenade dans les artères commerçantes de la vieille ville peut rappeler ce que fut la splendeur passée des métiers de l'artisanat. Mais, si l'on cherche à pousser plus loin la curiosité, on s'apercevra que cette richesse apparente repose, en fait, sur une condition artisanale en dégradation constante et sur des mécanismes de production et de commercialisation injustes. Le sort de l'artisan est, dans ce cas, à rapprocher de celui du paysan qui multiplie les richesses sans connaître lui-même l'enrichissement.

Pourtant, la crise de l'artisanat marrakchi constitue un phénomène assez ancien. On se rappelle la conjoncture économique et sociale de la fin du siècle dernier, marquée par l'application des accords de libre-échange avec les puissances européennes, l'augmentation de la fiscalité de l'Etat et la révolte des corporations artisanales (tanneurs, babouchiers, cordonniers). Les autorités du protectorat semblent avoir bien saisi les dangers de l'organisation et de la discipline corporatives. D'où l'intervention d'un programme de restructuration administrative, afin de limiter la combativité et le pouvoir de négociation des artisans et de leurs institutions représentatives.

Les changements institutionnels intervenus depuis l'indépendance (création des coopératives et des chambres d'artisanat) ont, au début, suscité beaucoup d'espoirs. Mais, aujourd'hui, ils n'éveillent que méfiance et réprobation. A défaut de promouvoir l'ensemble du monde artisanal, les coopératives ont servi de tremplin à quelques patrons artisans (2 % du total) qui ont aménagé de grands bazars, profité des incitations fiscales et des disponibilités financières et tissé un réseau lucratif avec les agences de voyages, les guides et d'autres intermédiaires. La promotion du tourisme a profité d'abord à ces catégories sociales, et marginalement à la masse des artisans.

Ces derniers, pour la plupart non organisés, subissent de plein fouet les retombées de la crise. Le renchérissement du prix des matières premières, souvent importées, ajouté à la quasi-stagnation des prix de vente due à la faiblesse du pouvoir d'achat de la population, contribue à l'érosion des revenus des artisans. Ceux-ci ne doivent leur survie qu'à un surcroît de travail où ils épuisent toute leur énergie. Ils se trouvent ainsi à la merci des grands patrons artisans, des commerçants, des "bazaristes" et des autres intermédiaires qui réduisent leur marge bénéficiaire, les confinant pratiquement dans un état de salariés. Ceci explique le fait que la plupart des artisans estiment que c'est le travail qui constitue leur plus grand capital.

A ce facteur de crise s'en ajoute un autre, plus lié aux modifications de la localisation géographique des activités artisanales. Autrefois, les aménageurs de la médina savaient structurer l'espace de manière à maintenir un certain équilibre entre les zones de production et d'échange et les zones d'habitat et de souveraineté, l'ensemble étant aéré par de grands jardins de rapport et d'agrément. Les métiers polluants étaient repoussés plus à l'est, utilisant comme déversoir le bras naturel de l'oued Issil.

Ce plan, étonnant par les principes fonctionnels et écologiques qui l'animent, n'a pas résisté au déploiement du flux migratoire venant de la campagne, continu depuis près d'un siècle. La pratique d'une "politique de laisser-faire" préjudiciable aux équilibres traditionnels de la médina est frappante dans l'histoire urbaine de toute cette période. Avec le recul que permet la perspective historique, on peut se demander comment on a pu permettre le lotissement de l'espace vital d'une ville populeuse, cernée par de hautes murailles. A-t-on réfléchi aux multiples conséquences de cette situation ? A-t-on mesuré les effets de l'envahissement du cœur de la vieille ville par des activités du tertiaire, profitant surtout aux intermédiaires ?

Un patrimoine en éveil, malgré la crise

Il semble que les pouvoir publics n'aient pas pris suffisamment conscience du danger qu'il y a à laisser le champ libre à un mouvement spéculatif "aveugle". Même quand ils décident d'intervenir, ils ne font souvent que déplacer les problèmes. C'est du moins ce que l'on peut constater après la délocalisation de la corporation des potiers et son installation loin de la cité intra-muros. Les métiers du fer, du bois et du cuir sont eux aussi repoussés plus à l'est de la ville. Entre-temps, la spéculation se charge de remplir les interstices, aggravant les problèmes urbains.

Ne pouvant payer des loyers de plus en plus chers, beaucoup d'artisans occupent aujourd'hui les anciens fondouks-caravansérails. Ils sont quelques centaines à vivre dans des locaux exigus, vétustes, manquant d'hygiène et d'équipements de base. Les revenus sont ici modestes. Seul le travail continue à être dépensé sans relâche, jusqu'aux limites de l'épuisement. On se demande comment, dans ces conditions, les artisans continuent encore à ménager des espaces de créativité et à créer des objets d'art et des articles appréciés dans le pays entier et à l'extérieur des frontières.

Si la médina de Marrakech continue actuellement à être attractive pour le tourisme local et international, elle le doit en partie à la richesse de ses souks et à l'animation de ses places commerciales. Mais que seront ces souks sans la production artisanale et sans le travail de milliers d'artisans et de leurs familles ? C'est pour cette population industrieuse, qui ne désespère pas de multiplier avec ingéniosité et dans des conditions difficiles les articles les plus divers, qu'il convient d'intervenir et d'agir.

En fait, l'artisanat de Marrakech, dans la mesure où il véhicule des techniques ancestrales et un savoir-faire presque millénaire, mérite un vaste programme de sauvegarde et une action à la fois locale et internationale pour le faire figurer parmi le patrimoine universel de l'humanité.

Cependant, avant d'engager une telle action, il est souhaitable de lancer une étude exhaustive pour identifier les atouts et les facteurs de blocage de ce secteur. On peut, dans ce cadre, s'inspirer du travail en profondeur réalisé par l'équipe de chercheurs qui a élaboré le Schéma directeur de la ville en 1982. Il est affligeant de constater, vingt ans plus tard, un si grand déficit dans ce domaine. Toutefois, si la connaissance est nécessaire, elle n'exclut pas l'élaboration de mesures urgentes destinées à assainir le secteur, à stopper l'érosion provoquée par les intermédiaires et les spéculateurs, bref, à améliorer les conditions de travail et les revenus des artisans. Plus le programme de restructuration tarde, plus on réduit les chances d'un développement futur de l'activité artisanale. Toute la question est de savoir si une ville historique aussi importante que Marrakech a intérêt à rester amorphe et indécise, à laisser, en somme, s'épuiser le terreau qui nourrit les racines de son identité et contribue le plus à sa promotion touristique.

CHAPITRE III

LE MODÈLE DE LA CITÉ-JARDIN : ENTRE CRISES ET PROMESSES

Depuis l'époque médiévale jusqu'au début du XXe siècle, Marrakech n'a cessé d'incarner le modèle de la cité-jardin. Le noyau urbanisé de la médina était entouré d'un premier anneau de verdure formé par des vergers et des potagers. Au-delà des murailles s'étendait le domaine réservé de la Palmeraie, avec ses seize mille hectares de palmiers, de fruitiers divers et de cultures intercalaires. Des anneaux de verdure s'étageaient ainsi en une succession de champs cultivés et de vergers jusqu'à l'oued N'Fis, qui représente la limite ouest de la ville.

Le palais du Sultan, Dar el-Makhzen, dans les années 1940 (vue aérienne).

Vue sur la mosquée Koutoubia.

Après avoir relevé quelques traits caractéristiques de ce modèle, nous examinerons l'impact de l'urbanisation sur son évolution et proposerons un programme d'action afin de conserver et de développer le patrimoine écologique de la ville.

I. UN MODÈLE URBAIN INSPIRÉ PAR L'ART DES JARDINS

Durant les neuf siècles de son histoire, la ville de Marrakech a accumulé un patrimoine vert impressionnant. C'est dans cette ville que l'art des jardins est né au XIIe siècle. Un style nouveau, celui du "jardin à l'almohade", est apparu à la même époque, avec ses immenses vergers, ses grands bassins, ses monuments de l'eau, ses pavillons *(menzeh)*, ses murailles et ses enclos. Les créateurs de ces jardins ont su réaliser dans un site désertique, "où les oiseaux crèvent de soif", un paysage de campagne, un ersatz de paradis.

Outre les parcs royaux qui furent, tout au long des siècles, des symboles de la souveraineté, la ville saharienne connut d'autres styles de jardins *('arsa, jnân, riyâd...)*, moins étendus, certes, mais plus raffinés encore, formant avec l'eau, les faïences, les arbres et les fleurs des compositions élaborées et intimes.

L'architecture des villes arabes, dont quelques-unes furent, comme Marrakech, des métropoles urbaines, semble avoir fait du jardin un concept-clef de son développement. D'ailleurs, les historiens qui décrivent ces villes au Moyen Age ne tarissent pas d'éloges pour les promenades, les vergers et les cultures qui les entourent. Partout, le modèle de la cité-jardin semble avoir prévalu. De Damas à Bagdad et de Cordoue à Marrakech, les maisons apparaissent comme des cubes noyés dans un océan de verdure. Il faudra attendre le XIIIe siècle pour qu'un géographe, Al-Qazwînî, nous donne le schéma de la cité-jardin en s'inspirant de l'exemple de sa ville natale, Qazwîn[1]. On y voit, bien dessinés, trois cercles concentriques avec, au milieu, un noyau de bâti entouré de vergers et de cultures.

Les Arabes ont su donc associer le jardin à l'urbanisme de leurs villes. Et cette préoccupation est restée vivante bien plus tard, trouvant son illustration la plus éclatante dans l'Inde de la dynastie des Moghols. Babur (1483-1530), qui fut roi et auteur

1. M. El Faïz, *Les Jardins de Marrakech*, Actes Sud, Arles, 2000.

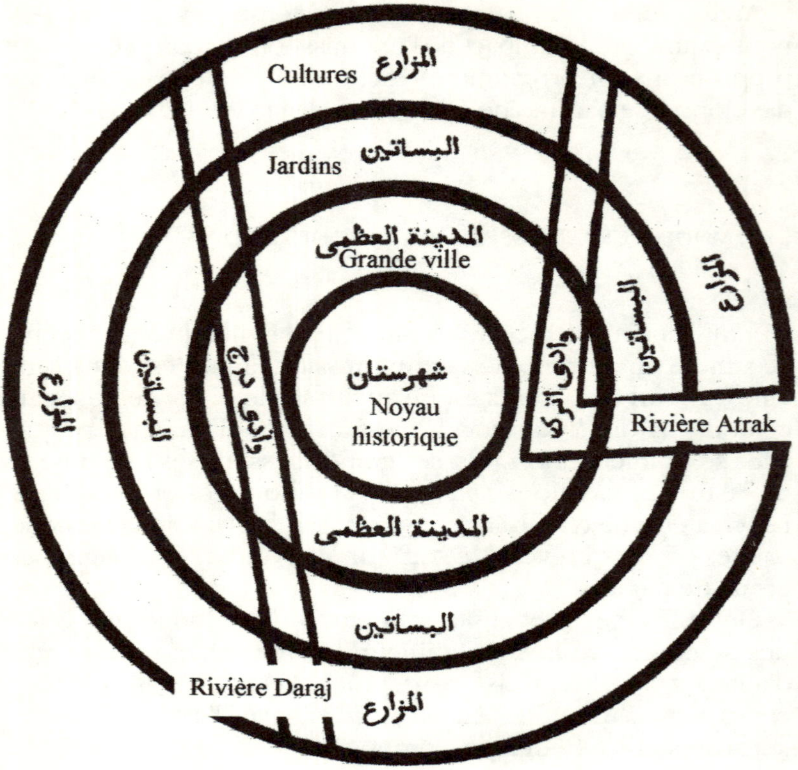

Qazwîn, XIIIe siècle.

d'un traité de jardinage, commença par dessiner un jardin, en fonction duquel il construisit ensuite la ville.

Ainsi, l'art des jardins, que l'on peut compter parmi les biens culturels les plus précieux de la civilisation arabe, a accompagné le mouvement d'urbanisation et fut à l'origine de la conception des célèbres villes de l'Andalousie et de l'Afrique du Nord.

Marrakech peut aujourd'hui se prévaloir de la richesse et de la diversité des styles de ses jardins. On se limitera ici à la description de l'Agdâl, qui exprime le mieux ce style nouveau. Nouveau, parce que ses créateurs ne se sont pas cantonnés à une imitation servile du modèle oriental. Au-delà des formules générales qu'on retrouve partout, les artistes de l'époque almohade ont cherché à innover, inaugurant une nouvelle échelle dans la conception et l'ordonnancement des jardins.

La recherche de perspectives ouvertes sur le milieu environnant était une préoccupation dominante des jardiniers de cette époque. Le choix de l'emplacement de l'Agdâl, au sud de la médina, ne fut pas le produit du hasard : les ingénieurs médiévaux ont construit ce jardin sur un plan légèrement incliné, une pente qui domine la ville. La forme rectangulaire adoptée, l'immensité d'un verger de près de cinq cents hectares planté en un seul jour, l'horizon fermé au nord par les collines arides des Jbilet et au sud par la masse imposante, quelquefois enneigée, de l'Atlas, tous ces éléments indiquent la volonté de tirer profit des vues du dehors et un certain raffinement de l'art paysager. Le promeneur qui porte son regard au nord découvre, dès qu'il arrive au bassin principal et avant même d'atteindre la terrasse de l'ancien *menzeh*, un panorama saisissant : une étendue d'eau prolongée par un océan de verdure que limite au loin le relief dénudé des collines. Au-delà, le ciel bleu disperse la vue dans un monde infini.

Il faut préciser que la création de ce parc ne fut possible que grâce à la maîtrise des techniques hydrauliques. Le développement des galeries drainantes souterraines *(khettara)* et des aqueducs a permis d'accroître les ressources en eau, ce qui était l'une des conditions pour réussir à établir ces enclos jardinés en pays aride. L'émergence d'un pouvoir fort et le besoin d'une vitrine idéologique constituent d'autres facteurs qui ont favorisé la naissance du modèle du "jardin à l'almohade".

Un autre trait caractérise ce style de jardins : la création de grands réservoirs d'eau, qui servent à l'irrigation, à l'alimentation en eau potable de la ville et à la régulation des ressources hydrauliques. Outre ces fonctions principales, ces bassins ont permis le développement de nombreuses activités ludiques. Ils prêtaient leur décor aux festivités et aux réceptions organisées par les souverains du Maroc.

On a d'ailleurs souvent comparé l'Agdâl à Versailles. Il y a certainement un rapprochement à établir au niveau de la quête des perspectives et de la volonté de tirer le maximum d'effets de la beauté des paysages environnants, mais ce qui frappe à Versailles, c'est le caractère imposant de l'architecture. Le visiteur est d'abord impressionné par ce front de bâtiments cossus qui avancent et semblent bousculer le paysage forestier. Dans la conception de l'Agdâl marocain, le végétal l'emporte sur le minéral. L'architecture se contente, dans ce cas de figure de "déléguer au jardin un édifice qui la rappelle" (L. Vaillat).

Les Berbères venant du Haut-Atlas ont vu dans ce jardin naissant l'enclos familier de leurs montagnes, le pré réservé sur les rives des oueds et entouré d'une enceinte en pierres. Ils l'ont appelé *agdâl* pour conserver cette évocation des verts pâturages et le souvenir de leurs alpages.

La division en enclos semble être une spécificité de l'Agdâl de Marrakech, sa marque d'origine. Le premier enclos, celui de l'orangeraie, était placé près du grand bassin, afin de profiter d'une eau rare et convoitée. Le second, celui de l'oliveraie, était plus vaste. Plus loin s'étendait le vignoble. On cheminait ainsi d'enclos en enclos, de jardin en jardin, parmi les grenadiers, les figuiers, les palmiers, les noyers, les amandiers et d'autres espèces végétales. Tous ces enclos communiquaient entre eux. Ils n'étaient séparés que par des allées bordées de myrtes, de sureau noir, de treilles de rosiers, d'églantiers et de jasmins.

Une fois l'immense enclos de l'Agdâl de Marrakech achevé, les Almohades ont cherché à porter le plus loin possible son rayonnement. Le même modèle fut réalisé à Rabat, à Gibraltar et à Séville. A chaque fois, les limites de l'enclos furent élargies, concrétisant peu à peu l'utopie d'un vaste jardin transfrontalier. C'est la première fois que la langue du jardinage fut utilisée pour unir deux rives que la Méditerranée a séparées.

Toutes les œuvres de cette époque (barrages, ponts, aqueducs, mosquées...) sont marquées par un même style : sobre, puissant et esthétique. Il ne s'agit pas de vaincre la nature, de la dominer, de la maltraiter ou de la détruire. Partout, le "ménagement" a été privilégié par rapport à l'idée d'aménagement frontal. L'art se devait de servir la nature, au lieu de chercher absolument à l'asservir et à lui mettre des camisoles de force. Grâce à cette philosophie, nous pouvons aujourd'hui encore admirer quelques belles réalisations de ces siècles (le vieux pont de Marrakech, par exemple), tellement discrètes qu'elles semblent communier avec le paysage qui les entoure.

C'est d'ailleurs ce paysage de la cité-jardin que Jean-Claude Nicolas Forestier a découvert avec surprise et enchantement au tout début du XXe siècle, lorsqu'il était en mission à Marrakech. "Rien n'est plus saisissant, écrit-il, que le spectacle qui s'offre à la vue lorsque, en arrivant de Casablanca, on aperçoit tout d'un coup, à quelques kilomètres avant d'atteindre Marrakech, au milieu d'une grande plaine d'aspect désertique barrée au sud par la ligne bleu et blanc de l'Atlas couvert de neige, le vert imprévu, abondant, le vert frais, reposant, d'une immense oasis, dans laquelle se dissimule presque la vieille ville berbère. Et, après cette longue route de deux cents kilomètres à travers les plaines nues, c'est une jouissance inattendue que d'aborder la ville par la longue traversée d'une palmeraie verdoyante, quoique très clairsemée et ravagée. Il est probable que les mesures déjà prises permettront d'arriver à obtenir le respect de cette merveille. Il serait vraiment désolant que des spéculations de terrains et des lotissements particuliers puissent compromettre cet ensemble qui, protégé, développé, dépassera en beauté les palmiers et la palmeraie de la fameuse Elche, en Espagne[1]."

Vue sur un point d'eau de la Palmeraie.

Si les décrets promulgués depuis cette date ont réussi à sauvegarder la Palmeraie et les paysages caractéristiques de la ville, les tendances de l'urbanisation des deux dernières décennies ont été fatales au patrimoine écologique. Non seulement elles ont sapé les fondements de l'écosystème de Marrakech, mais elles menacent, à court terme, de le détruire.

1. J.-C. N. Forestier, "Des réserves à constituer au-dedans et aux abords des villes capitales du Maroc", décembre 1913, in *Grandes villes et systèmes de parcs*, présentation B. Leclerc *et alii*, éd. NORMA, Institut français d'architecture, Paris, 1997, p. 206-207.

On entend par "espaces verts" de la médina toutes les surfaces de plein air semées ou plantées de végétaux et qui offrent aux usagers des conditions optimales pour le délassement et la distraction. Ainsi, l'espace vert peut désigner de l'arbre isolé qui accompagne la maison individuelle ou l'habitat collectif aux grands espaces naturels, en passant par toutes les formes intermédiaires : square, grand parc public, parc périurbain et forêt de promenade. Pour rester dans des généralités, disons qu'il s'agit de toutes les formes d'occupation du sol qui s'accompagnent de présence végétale.

Le souci de remonter aux origines de la cité-jardin, de comprendre son développement et les causes de son déclin nous amène à retracer rapidement l'histoire passée et récente des espaces verts dans la médina. Il sera alors possible d'inscrire le projet de replantation de la médina dans le cadre de la culture urbaine de Marrakech, qui a fait du jardin un des fondements de son modèle urbanistique.

Pour que la réflexion puisse avancer, on ne doit pas rester au niveau des impressions, qu'elles soient positives ou négatives. Il convient d'établir un diagnostic précis de la situation des espaces verts et de partir de là pour envisager les mesures nécessaires à la sauvegarde et au développement du patrimoine écologique de la médina.

On peut distinguer trois périodes caractéristiques de l'évolution des espaces verts de Marrakech : la période précoloniale, la période coloniale et la période de l'indépendance[1].

Des origines à 1912

La période précoloniale se caractérise par l'émergence d'une cité-jardin entourée d'espaces verts qui débordent les remparts et constituent de grands centres de production horticole.

Il ne faut pas oublier les menaces que l'urbanisation faisait peser, de temps à autre, sur les espaces arboricoles. On sait, par exemple, que la construction du quartier de la Kasbah almohade (XIIe siècle) s'est effectuée sur une partie d'un vaste jardin appelé Al-Sâliha. Les extensions de l'époque saâdienne (XVIe siècle) se sont faites, elles aussi, au détriment des vergers anciens. Mais

1. M. El Faïz, *Les Jardins de Marrakech*, *op. cit.*

force est de constater que cette urbanisation fut largement compensée par le développement des parcs royaux et l'extension de nouveaux jardins (près de 600 hectares de plantations partagées entre l'Agdâl et la Ménara).

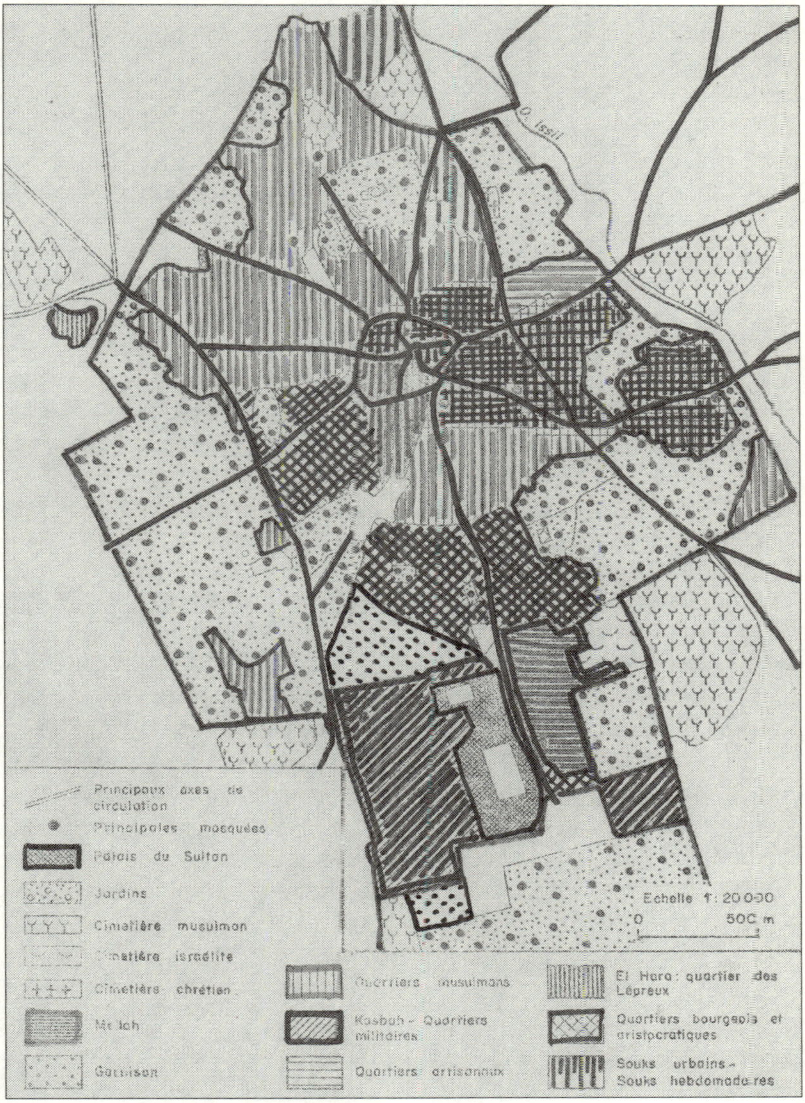

Marrakech au début du XXe siècle.

(Source : d'après A. Mandleur, "Croissance et urbanisation de Marrakech" in Revue de géographie du Maroc, *1972.)*

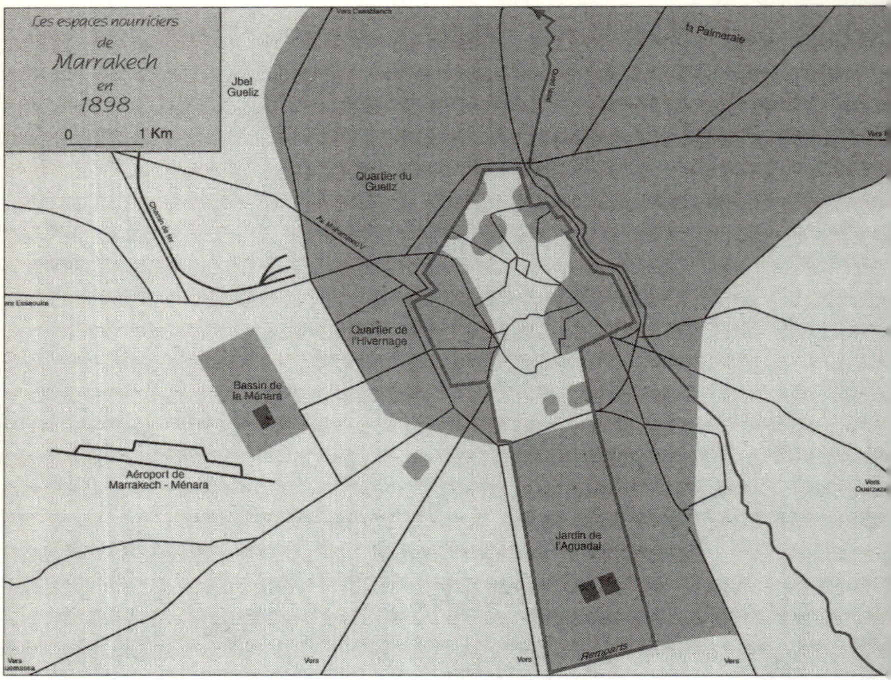

Les espaces nourriciers de Marrakech en 1898.

(Source : M. El Faïz et A. E. Laques.)

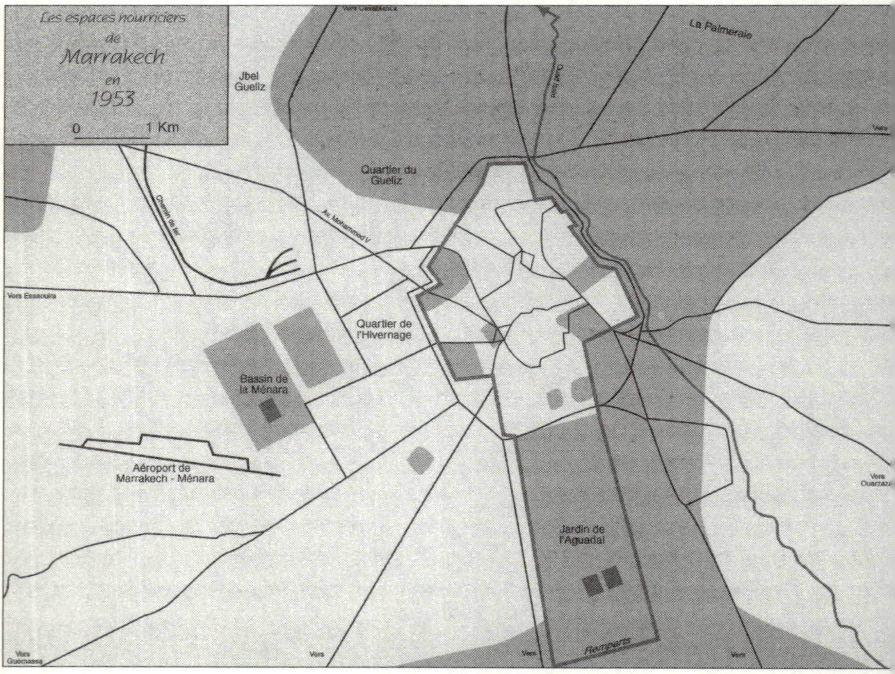

Les espaces nourriciers de Marrakech en 1953.

(Source : M. El Faïz et A. E. Laques.)

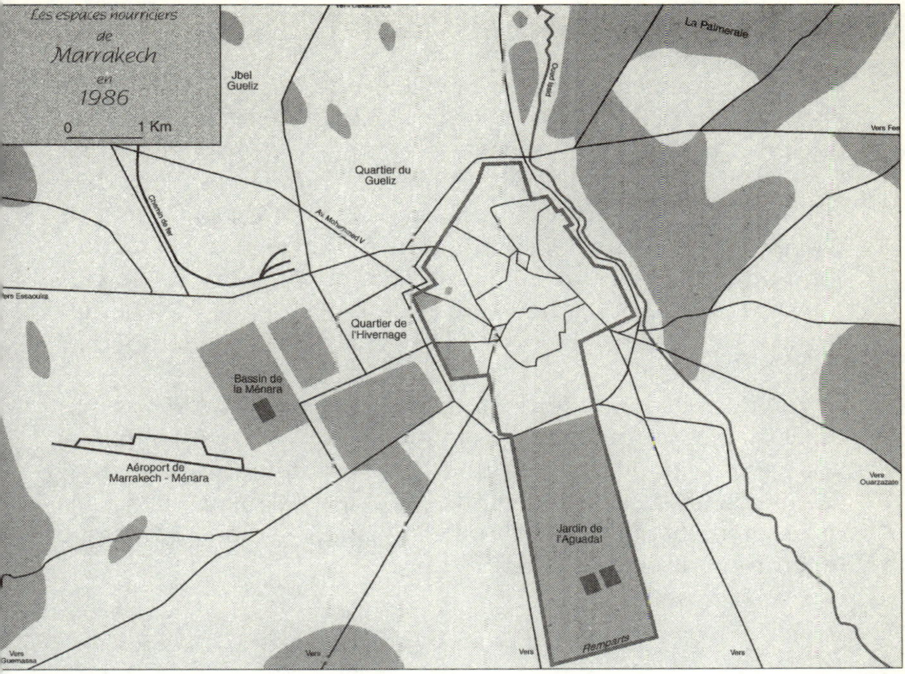

Les espaces nourriciers de Marrakech en 1986.

(Source : M. El Faïz et A. E. Laques.)

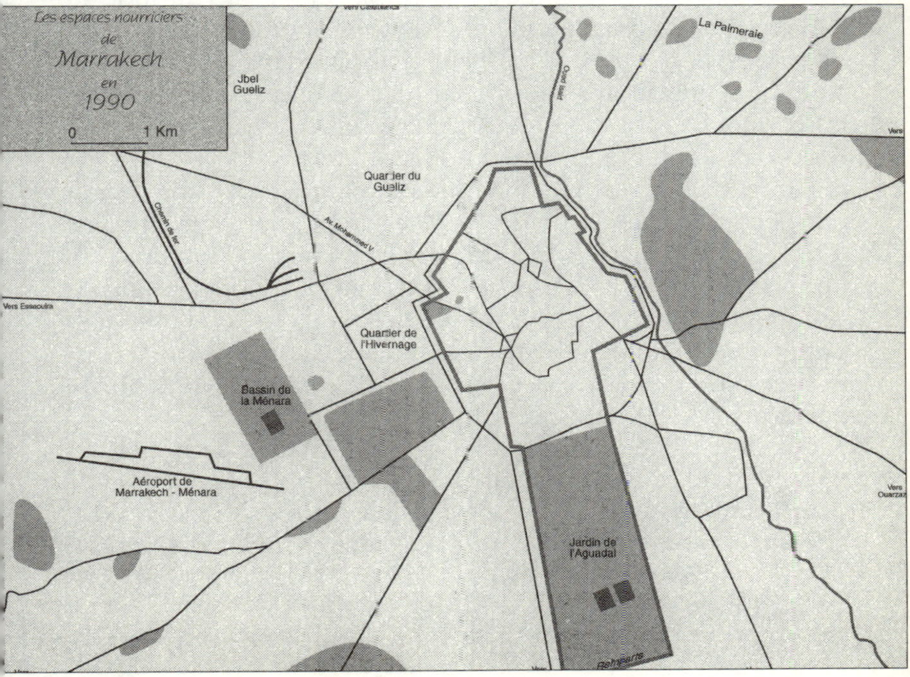

Les espaces nourriciers de Marrakech en 1990.

(Source : M. El Faïz et A. E. Laques.)

On peut ainsi affirmer que jusqu'au début du XXe siècle, la ville de Marrakech est restée une ville verte. Ses 65 000 habitants vivaient alors dans un espace formé aux deux tiers par des vergers anciens (*'arsa* et *jnân*). Les descriptions des voyageurs étrangers de la fin du XIXe siècle confirment l'impression d'une densification du tissu des espaces verts. Ce qu'il est important de noter, c'est que cette densification ne se limitait pas à la médina intra-muros. Les environs immédiats et lointains de la ville constituaient le domaine exclusif de la Palmeraie, des jardins royaux, des jardins vivriers et de la grande oliveraie impériale de Semlalia.

Tous ces espaces verdoyants détenus par les *habous*, par l'Etat ou par des personnages influents de la société donnaient à la médina de Marrakech une "physionomie campagnarde" (A. Mandleur). Le caractère rural de la ville est demeuré intact jusqu'au moment où le protectorat a implanté sa colonie et marqué le territoire de sa griffe urbanistique.

De 1912 à 1956

La période du protectorat a été marquée par la création d'une ville nouvelle en dehors des remparts et le cantonnement de la médina dans son rôle d'espace traditionnel. Si l'attitude de l'aménageur colonial peut être interprétée comme une volonté de préserver le Maroc d'hier, elle a abouti dans les faits à une sorte de ségrégation socio-spatiale et à un laisser-faire des élites traditionnelles qui va se révéler, à la longue, préjudiciable pour l'équilibre écologique de la médina.

Par ailleurs, dans une conjoncture marquée par une grande crise économique (celle de 1929) et deux guerres mondiales, tout l'effort financier a été dirigé vers la construction du quartier européen, qui a absorbé l'essentiel du budget pour une occupation relativement lâche de l'espace (10 000 habitants). Cependant, la faible urbanisation du Guéliz fut largement compensée par l'extension des jardins et des espaces verts prévus par le plan de l'urbanisme colonial.

Quant à la médina, qui n'a pas eu la chance de bénéficier d'un plan de sauvegarde, elle a constitué un pôle d'attraction pour les ruraux qui s'y sont installés en vagues successives. Les effets conjoints de l'exode rural et de la croissance démographique ont favorisé l'extension anarchique de l'urbanisation et la disparition des espaces verts de la médina.

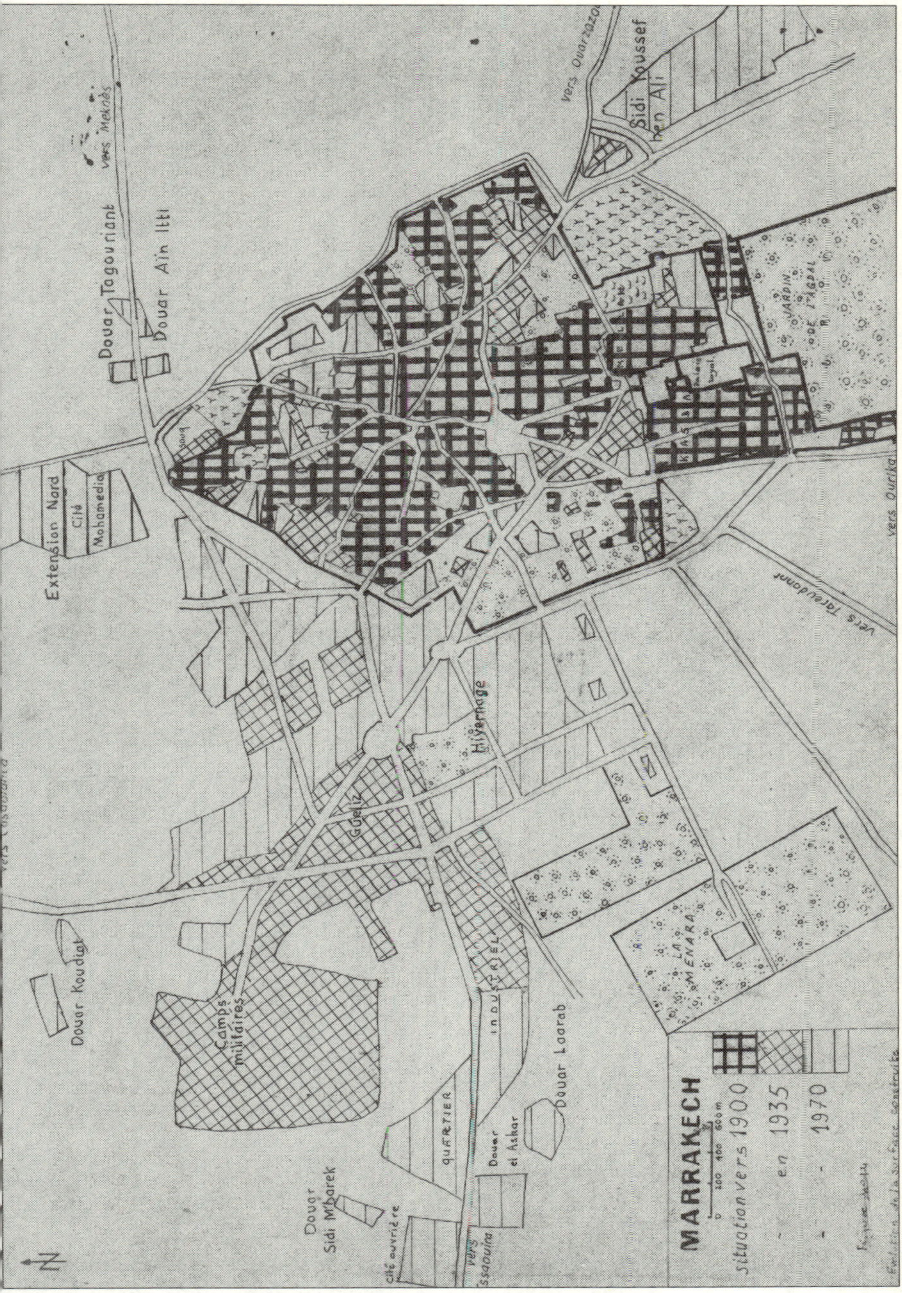

Evolution de la surface urbanisée de Marrakech.

(Source : d'après A. Mandleur, "Croissance et urbanisation de Marrakech", in Revue de géographie du Maroc, *1972.)*

Pour profiter de la demande croissante de logements, les promoteurs n'ont pas hésité à lotir les terrains de culture et les vergers. C'est ainsi qu'un mouvement irréversible a commencé à se dessiner à partir de la Seconde Guerre mondiale, aboutissant en quelques années de fièvre spéculative à la destruction systématique d'un bon nombre de jardins intra-muros et contribuant ainsi à l'asphyxie de la médina. La cohérence de l'ensemble traditionnel a été rompue au profit d'une construction hétéroclite, sans aucun ménagement de l'espace.

Les nombreux lotissements établis au nord, à l'est et tout au long des remparts de la ville ancienne ont, en l'espace d'un quart de siècle, triomphé des *'arsa*, *jnân* et *riyâd* qui donnaient un sens particulier à la promenade *(n'zâha)* chez les habitants de Marrakech. Seuls restent aujourd'hui les toponymes qui indiquent ce que fut la médina durant les siècles précédents : un espace de belle vue et de joie de vivre.

De 1956 à nos jours

Après l'indépendance, la situation des espaces verts va être déterminée par les phénomènes de population et les grandes tendances de l'urbanisation extra-muros.

A partir de 1960, la ville de Marrakech a connu un redressement démographique qui n'a fait que s'affirmer au cours du temps. En l'espace d'une vingtaine d'années (de 1960 à 1982), la population est passée de 243 000 habitants à 440 000 habitants. Sur le plan de l'urbanisation, on a assisté au développement des cités satellites au sud-est (Sidi Youssef ben Ali), au nord (cité Mohammedia-Daoudiat), à l'ouest (douars Laskar et Iziki) et à la multiplication des douars périphériques. Les prévisions pour le début de l'an 2000 indiquent une population d'un million d'habitants environ et des surfaces urbanisées encore plus importantes. Vu ces tendances lourdes, on peut s'interroger sur le sort réservé aux espaces verts de Marrakech.

L'étude des documents cartographiques nous donne un premier élément de réponse. Prenons, à titre d'exemple, le plan de Marrakech de 1953. L'ensemble traditionnel de la médina y apparaît dense, mais quelques îlots de verdure subsistent. On remarque la survivance, à l'est, de l'Agdâl Bahmad, d'une partie de Jnân Lâafiya, de Jnân Bousekri, 'Arsat al-Baraka, 'Arsat Bouachrine et, à l'ouest, d'un couloir de jardins formé par 'Arsat al-Mamounia,

‘Arsat Moulay Abdeslam, les jardins de la Koutoubia et les parcs et vergers de l’hôtel de ville.

A cette liste, qui n’est pas exhaustive, il faut ajouter le grand Agdâl almohade qui étend, plus au sud, la tache de ses vergers et oliveraies. En dehors de la médina, un bras de verdure prend toute la largeur de l’avenue des Remparts (de Bab Jdid à Bab Nqob) et s’étend à l’ouest pour embrasser le quartier de l’Hivernage, la Ferme expérimentale et le jardin historique de la Ménara. Seuls les bâtiments de la base aérienne viennent arrêter cette avancée de la nature. Les taches d’urbanisation diffuse qui s’agglutinent autour de Jbel Guéliz et le long de l’avenue de Casablanca semblent émerger d’un océan de verdure. En effet, si la médina donne l’impression d’un espace où l’expansion urbanistique s’est effectuée au détriment du patrimoine écologique ancien, la ville européenne offre, par contre, l’image d’un ensemble plus équilibré, plus ouvert sur la nature qui l’environne. Une conclusion majeure se dégage de l’observation du plan de 1953 : la destruction des paysages de la vieille ville a fait perdre à celle-ci son caractère de cité-jardin au profit de sa rivale, la ville nouvelle, qui a repris ce titre et l’a conservé jusqu’à une période récente.

Prenons maintenant le plan de Marrakech édité en 1986 (MARA, Rabat). La comparaison des deux plans permet de se faire une idée approximative de la situation actuelle des espaces verts.

A part le parc de l’Agdâl, ‘Arsat Moulay Abdeslam et les petites taches formées par ce qui reste des jardins de l’hôtel de ville et de la Koutoubia, la médina a fini de consommer irrémédiablement tous les espaces verts traditionnels qui constituaient le legs des siècles antérieurs. Les dessinateurs ont commis l’erreur de garder en vert sur leur plan les 20 hectares constitués par le verger de l’Agdâl Bahmad. En réalité, la petite parcelle qui reste de ce jardin est entièrement en ruine. La même remarque vaut pour ‘Arsat Bouachrine, où subsistent encore quelques arbres remarquables.

Toutes les remarques que suggèrent la lecture et la confrontation des données de la cartographie gagnent à être accompagnées d’une analyse des statistiques disponibles concernant la situation des espaces verts.

Le rapport préliminaire du dernier Schéma directeur de la ville de Marrakech (SDAU, 1988) nous a permis d’élaborer un tableau synoptique qui met en relation la surface des espaces verts et l’évolution de la population urbaine. En prenant comme base la norme internationale (10 mètres carrés d’espace vert par habitant), on peut relever qu'à l'exception du quartier Guéliz-Hivernage, les autres secteurs urbains (soit 95 % de la population) sont largement déficitaires. La situation est particulièrement alarmante pour la médina (2 mètres carrés d'espace vert par habitant) et Sidi Youssef ben Ali, qui concentrent plus des deux tiers des habitants de l'agglomération urbaine.

Ces chiffres, ajoutés aux interprétations de la cartographie, permettent de sortir du domaine des impressions pour constater le recul réel et irréversible des espaces verts.

On tirera de cet aperçu historique rapide deux constatations importantes : d'une part, la médina de Marrakech a réussi, au cours de sa longue histoire, à la fois à développer sa population et à s'urbaniser en sauvegardant l'équilibre nécessaire entre le bâti et la végétation ; d'autre part, jusqu'au début du siècle dernier, les habitants de la médina disposaient d'au moins 60 mètres carrés d'espace vert par habitant, soit six fois plus que les normes imposées par l'urbanisme moderne. Ainsi, l'habitant de Marrakech n'avait à parcourir que quelques mètres pour se retrouver au milieu des jardins et des vergers.

Face à ces faits, les sceptiques se demanderont quel est l'intérêt de remuer le passé, même s'il est fait de beaux jardins et d'utopies. Ne conviendrait-il pas de l'oublier et d'enterrer définitivement les derniers témoins de la cité des jardiniers ? Pour moi, cependant, l'évocation de cet épisode de l'histoire des jardins de Marrakech est pleine d'enseignements. Elle nous incite à chercher en nous-mêmes les solutions adéquates pour sortir du long tunnel de l'amnésie, à secouer le fatalisme ambiant, à rompre, enfin, avec ce défaitisme qui mène à l'indifférence. Les enclos d'hier tombent en lambeaux, la Palmeraie se détruit, les espaces verts reculent, mais rien ne semble intervenir pour desserrer la poigne de béton qui menace d'étouffement et la ville et son patrimoine.

C'est dans ce contexte difficile, marqué par l'oubli des valeurs écologiques de notre civilisation et l'absence d'une pression conséquente de l'opinion publique sur les questions de l'environnement, que le projet du "jardin planétaire" défendu par Gilles Clément me paraît une utopie porteuse d'espoir[1]. La visite de l'exposition de Paris (du 15 septembre 1999 au 23 janvier 2000 au parc de la Villette) dédiée à ce thème m'a convaincu que, où que nous soyons, au Nord ou au Sud, la cause des jardins vaut

1. *Le Jardin planétaire*, sous la dir. de C. Eveno et G. Clément, éditions de l'Aube, La Tour-d'Aigues, 1997.

la peine d'être défendue. Ces créations fragiles, qui émanent des aspirations humaines les plus profondes, nous indiquent depuis longtemps déjà le chemin à suivre : celui du métissage, de la solidarité et du développement durable.

Depuis les "jardins suspendus" de Babylone jusqu'à nos jours, on ne compte pas le nombre d'enclos qui furent détruits, du fait de la négligence humaine ou à cause de l'urbanisation incontrôlée. Pour arrêter cette "hémorragie chlorophyllienne" (Alain Roger), il faut que chacun se mette à envisager la planète entière comme un jardin, à agir en complicité avec la nature et non contre elle. C'est là le message, à la fois simple et universel, de Gilles Clément, ce pour quoi il lutte depuis longtemps. Quel bonheur de constater que cette devise est aujourd'hui plus largement partagée en France et ailleurs, qu'elle arrive à mobiliser des moyens et des énergies au service de la cause des jardins ! On préfère de beaucoup cette idée de "jardin planétaire" à un monde gouverné par des intérêts purement financiers.

Marrakech, même blessée et assaillie de toute part, peut, me semble-t-il, constituer un moment privilégié dans l'édification future du "jardin planétaire". Son passé de cité-jardin, son site et ses potentialités l'habilitent, l'exhortent à jouer ce rôle. Il suffit de lui donner la chance de se ressaisir et de repartir à nouveau.

Cependant, pour que cette renaissance soit possible, on doit, sans tarder, initier un vaste et audacieux programme de sauvegarde et de restauration des jardins historiques. Ce programme me paraît, à l'heure actuelle, prioritaire. Car autant des phénomènes préoccupants tels le chômage et la pauvreté peuvent trouver, à plus ou moins longue échéance, des solutions, autant la perte d'un patrimoine est irréversible. Aucun remède au monde ne peut guérir une conscience nationale meurtrie et restituer au pays un art des jardins perdu.

III. ÉLÉMENTS D'UN PLAN VERT POUR LA MÉDINA

Passer du diagnostic et du constat des réalités à la proposition de programmes d'action et de sauvegarde est un exercice difficile. L'historien des jardins ne peut, seul, le réaliser. Il a besoin de la collaboration d'autres compétences et sensibilités (architecte, paysagiste, urbaniste, sociologue, jardinier, poète, historien de l'art...). Il faudra beaucoup de moyens et davantage de temps pour venir à bout d'une tâche aussi importante et vitale que peut l'être le projet de replantation de Marrakech et de son espace historique.

Plutôt que d'un plan, les idées qui suivent sont inspirées par l'étude de la longue histoire des jardins de Marrakech. Ce sont donc des réflexions à mettre au service d'un programme plus ambitieux encore à venir[1]. Une fois rappelés les facteurs qui furent à l'origine de la dégradation du patrimoine des espaces verts et déterminées les actions susceptibles d'y remédier, nous évoquerons plus en détail le projet de replantation de la médina de Marrakech et sa faisabilité.

La dégradation du patrimoine de la cité-jardin

On peut résumer dans les faits suivants quelques facteurs qui furent à l'origine du recul des espaces verts : d'abord, une rupture de l'équilibre séculaire entre la croissance démographique, le bâti et la végétation. Pour la première fois dans l'histoire de la médina, l'urbanisation s'effectue au détriment des espaces verts, sans égard pour le renouvellement du capital écologique hérité du passé. En conséquence, l'habitant d'aujourd'hui est non seulement privé des jardins et des vergers traditionnels, mais aussi obligé de parcourir plusieurs kilomètres avant de trouver des lieux de dépaysement et de tranquillité.

Ensuite, la perturbation du système traditionnel d'alimentation en eau de la médina (celui des *khettara*) et l'augmentation croissante du prix de l'eau ont obligé un grand nombre de propriétaires de jardins intra-muros (surtout dans les *riyâd* et les cours intérieures des maisons) à opter pour la solution du dallage, qui est la moins avantageuse pour l'écologie de la ville.

Par ailleurs, le dernier découpage administratif, en limitant la préfecture-médina à l'espace intra-muros, a contribué à augmenter la pression sur les espaces libres. L'arbitrage est souvent effectué au profit de parkings et de locaux administratifs ou touristiques, et très rarement en faveur de l'aménagement d'espaces verts, lequel paraît, dans ce contexte particulier, un luxe inutile et un équipement moins urgent.

1. Cf. M. El Faïz, *Greening the Medina (Replantation de la médina)*, décembre 2000. La fondation Art Restoration for Cultural Heritage (ARCH) lance actuellement la réalisation de ce projet avec la collaboration d'autres partenaires (Global Diversity Foundation, municipalité…). Cf. aussi S. Ware *et alii*, *Marking Time in the Medina*, éd. fondation ARCH, Salzbourg, 1999.

Enfin, l'asphaltage des rues et des places est responsable de l'étouffement du système racinaire des plantes et l'une des causes de la disparition d'un grand nombre d'arbres.

Ces éléments n'épuisent pas l'ensemble des facteurs responsables du recul des espaces verts de la médina, mais établissent suffisamment, en tout cas, le grand déficit du centre historique de Marrakech sous le rapport de l'écologie urbaine. L'interprétation des photos aériennes les plus récentes et de leur restitution numérique accentue cette impression de stress végétal. Elle confirme la disparition des espaces jardinés qui ont constitué dans le passé la ceinture verte des constructions intra-muros. Ce sont d'ailleurs les quartiers à forte densité humaine qui souffrent le plus du manque d'espaces verts (nord, centre, est).

Le promeneur qui parcourt la médina aujourd'hui n'a plus la chance de rencontrer les enclos jardinés d'autrefois qui aéraient la ville et subvenaient à ses besoins horticoles. Tout au plus peut-il espérer retrouver par-ci, par-là un arbre isolé ou un petit groupement d'arbres. En somme, quelques vestiges qui lui rappellent ce que fut la médina d'hier : une cité-jardin bien intégrée dans son environnement naturel. Cependant, compte tenu de la pression démographique et touristique, ces témoins – qui peuvent constituer le point d'appui du projet végétal de demain – offrent l'image d'existences condamnées, souffrant de l'exiguïté de l'espace, du manque d'entretien et des mutilations. Ce seul état de fait justifie, à mes yeux, l'urgence d'un plan vert pour la médina.

Objectifs et fonctions du projet de replantation

Si tout le monde était convaincu que le besoin d'oxygéner et d'aérer les villes est aussi vital que celui de boire, de se nourrir et de se loger, il ne serait peut-être pas nécessaire d'ajouter d'autres arguments pour justifier la mise en place de ce projet. Dans le contexte du Maroc actuel, où la conscience environnementale est encore émergente, il semble important de rappeler les fonctions de l'espace vert et la nécessité d'intégrer la dimension écologique comme élément fondamental de la planification urbaine.

La médina de Marrakech concentre aujourd'hui une population qui avoisine les deux cent mille habitants, soit le double de la capacité prévue par les premiers bâtisseurs de la ville. Quand l'on sait que cette surdensification s'est effectuée au détriment des espaces verts existants, on comprend l'urgence d'un programme végétal amplement justifié par ses retombées à la fois hygiéniques, sociales, récréatives et éducatives.

En dehors du corps médical, on évoque très rarement les divers troubles provoqués par la densification du tissu urbain de la médina de Marrakech, qui peuvent aller des maladies respiratoires dues à la pollution atmosphérique jusqu'aux dépressions nerveuses provoquées par les excès de fatigue et par la promiscuité quotidienne.

Les espaces verts remplissent une fonction sanitaire grâce à l'action des végétaux qui assurent l'épuration bactériologique de l'air. Ces mêmes végétaux contribuent aussi à l'épuration chimique de l'atmosphère, polluée par les émanations de gaz carbonique que dégage la respiration humaine – généralement intense dans les ruelles – et par les voitures, les motocyclettes et les ateliers artisanaux. Les végétaux, par la fonction chlorophyllienne de leur feuillage, pourraient contribuer à améliorer l'atmosphère de la médina. Ils ont également pour réputation de fixer les poussières d'été caractéristiques du climat de Marrakech et des villes du Sud. Ils peuvent aussi, grâce à l'émission de vapeur d'eau, tempérer l'atmosphère de la médina, surtout en période de grosse chaleur.

On évoque souvent l'assèchement du climat de Marrakech, mais on oublie de rappeler qu'il est lié, en partie, au recul général du couvert végétal dans les espaces aussi bien intramuros qu'extra-muros. Par ailleurs, rien ne peut mieux que les arbres constituer un rempart contre le bruit et contribuer à l'isolement phonique de la médina, qui peut être excessivement bruyante à certains moments de la journée.

Si l'on ajoute à ces fonctions thérapeutiques les avantages de l'embellissement, de la récréation et de l'éducation des sens, on aura une idée globale des bienfaits qui peuvent découler de la décision de replanter et de jardiner la médina.

Points d'appui du Plan vert de la médina

Rappelons ici l'une des contraintes majeures du programme de replantation de la médina : l'extrême rareté des terrains libres. Les espaces existants sont convoités par les parkings, par les locaux administratifs ou encore par d'autres équipements considérés dans l'échelle des urgences comme prioritaires par rapport au projet végétal. Dans ce contexte particulier, il convient de chercher des solutions simples et de ne pas s'engager dans de belles théories sur les squares et les jardins publics. Sans abandonner complètement le rêve de la cité-jardin perdue, il s'agit, dans un premier temps, d'éveiller la ville à son patrimoine et à sa mémoire écologiques. Le choc psychologique est certainement grand entre la génération d'hier, celle des parents et des grands-parents, qui vit encore avec le souvenir de promenades *(n'zâha)* mémorables dans les vergers anciens (les *'arsa* et *jnân*) de la médina, et celle d'aujourd'hui, plus jeune, qui a perdu ses repères par rapport à cette nature foisonnante.

Le plus urgent, actuellement, est d'identifier et de sauvegarder le capital existant. Ce dernier se réduit le plus souvent à quelques arbres et arbustes remarquables qui jalonnent le parcours des ruelles. Certains de ces arbres ont acquis, avec le temps, des dimensions monumentales qui leur confèrent un rôle majeur dans les espaces publics de la médina. Une fois remarqués, ces monuments végétaux retiennent l'attention et suscitent l'admiration. Il s'agit la plupart du temps d'espèces locales : oliviers, figuiers, mûriers, palmiers et vignes. Les beaux sujets sont rares. Mais quelques spécimens s'imposent comme des repères exceptionnels. On se demande par quel miracle ces curiosités botaniques ont échappé à l'asphaltage et aux rigueurs de l'aménagement urbain.

Les premiers entretiens effectués sur le terrain ont permis de comprendre le secret de la longévité de ces végétaux. Elle est, le plus souvent, due à la qualité de leur ombrage et à leur production fruitière. Fréquemment, l'arbre doit également sa pérennité au dévouement d'une personne qui lui a prodigué les soins nécessaires. Il ne faut pas non plus oublier le rôle des corporations artisanales qui ont contribué à la sauvegarde de ce patrimoine d'arbres extraordinaires pour des raisons à la fois économiques et culturelles.

De ce fait, le projet de replantation de la médina me paraît devoir s'articuler autour des actions suivantes, qui revêtent un caractère prioritaire : la sauvegarde et la valorisation du patrimoine d'arbres extraordinaires ; l'usage des latrines et des cours des fondouks-caravansérails comme équipements verts ; la restauration du jardin de l'Hospice (Maristân) médiéval de Sidi Ishaq ; enfin, l'aménagement paysager des places publiques.

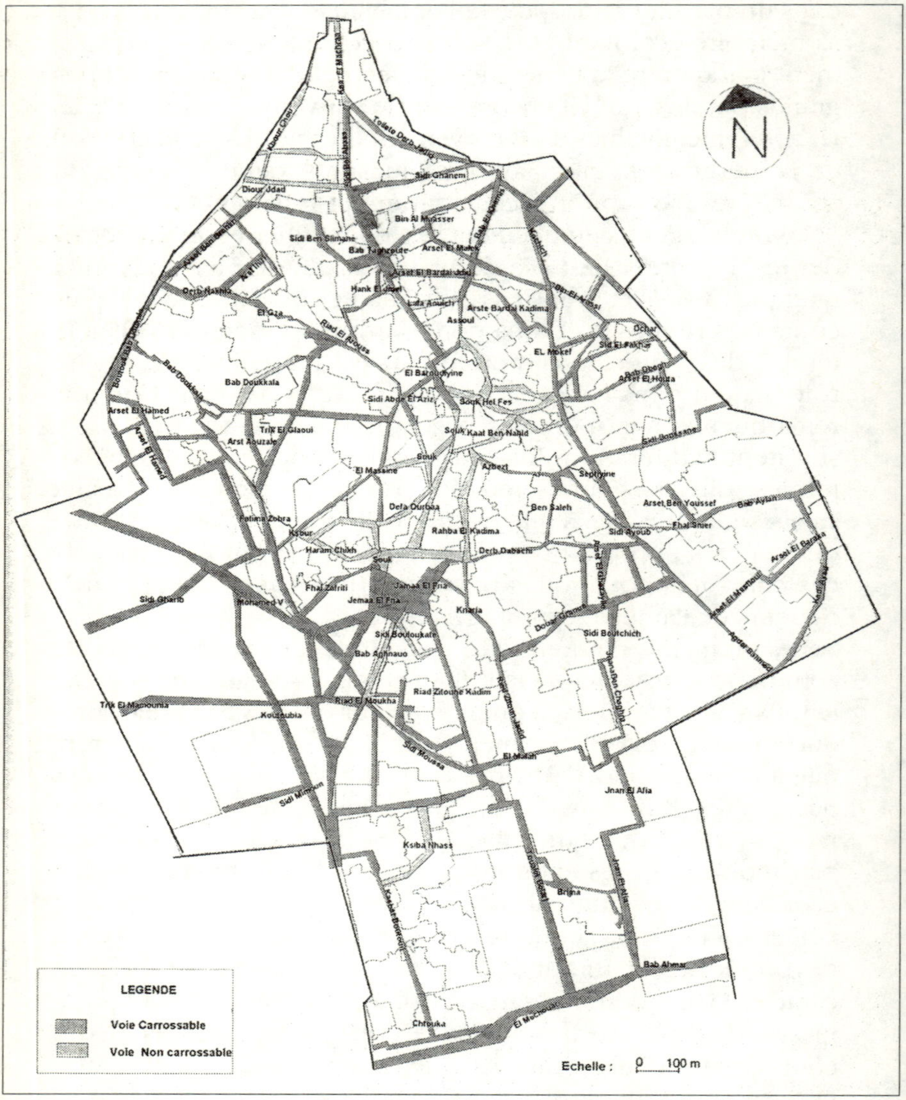

Médina de Marrakech : voies carrossables et piétonnes.

(Source : S. Belkziz et A. Hicham, étude architecturale de la médina de Marrakech.)

La sauvegarde du patrimoine des arbres extraordinaires

C'est, me semble-t-il, l'action qui pose le moins de problèmes dans l'immédiat. Il s'agit de recenser les arbres existants, de les classer selon leur mérite, de cartographier leurs emplacements et de leur appliquer la notion de site protégé[1]. A partir du centre historique de la médina, on peut désigner un premier itinéraire jalonné par les monuments végétaux suivants : les *dâliya* (tonnelles de vigne) du souk des teinturiers, de la rue Sarrajine et de la place de Sidi Ayyoub ; le figuier proche de Rahba Kdima, etc. L'intervention consistera à prévoir un espace suffisant, dégagé de tout encombrement, pour permettre le plein développement de ces végétaux. Il faut mettre en valeur ces arbres et ces arbustes de manière qu'ils puissent agir comme repères des sites où ils se trouvent. D'autres actions sont également nécessaires : entretien, taille, greffe, fumure, renouvellement des tonnelles, replantation lorsqu'il s'agit de sujets malades, etc.

Outre cet itinéraire initial, il est possible d'aménager, suivant les voies carrossables, d'autres couloirs de végétation. A partir de Rahba Kdima et Azbezt, on peut ainsi imaginer un deuxième itinéraire passant par les rues Ben-Saleh et Sidi-Ayyoub en direction de Bab Ghmat. Ce chemin aurait pour avantage d'intégrer au projet végétal les places de la mosquée Ben Salah et de Sidi Ayyoub. Cette dernière dispose d'une vigne en tonnelle remarquable, qui rappelle un épisode très important de l'art des jardins à Marrakech : la médina dans son ensemble était, jusqu'à une période récente, un terrain de prédilection pour les tonnelles de vigne. On raconte que chaque quartier en était équipé. Elles apportent l'ombrage nécessaire aux ruelles et aux places et permettent également au personnel chargé de les surveiller et de les entretenir de profiter de leurs chargements de raisins. Cette tradition des *dâliya*, dont beaucoup de témoignages oraux nous ont confirmé l'authenticité, est aujourd'hui en voie de disparition. En intégrant le "chemin des *dâliya*" au projet végétal, on pourrait contribuer à la sauvegarde d'un des témoignages qui montrent le fondement écologique du modèle urbanistique de la médina.

Une troisième voie peut être orientée du côté de Mouassine vers Dar Glaoui et Bab Doukkala ou vers la rue R'Mila. La végétation qui subsiste dans ce nouveau parcours (olivier, vigne,

1. Cf. C. Stefulesco, *L'Urbanisme végétal*, éd. IDF, Paris, 1993.

bigaradier…) permettrait de prolonger plus à l'ouest la promenade des *dâliya*.

Le réaménagement des latrines et des cours des fondouks

La médina de Marrakech dispose d'un grand nombre de *mida* (salles d'ablutions) et de latrines qui constituent souvent les annexes indispensables aux mosquées et aux édifices religieux. Si la fonction hygiénique de ces équipements est connue, leur rôle comme points d'appui du projet végétal mérite d'être relevé ici.

Certains locataires de ces latrines[1] y exposent quelques pots de plantes grasses et odoriférantes. On ne sait si cette attitude correspond à une tradition ancienne ou s'il s'agit d'une innovation plus récente. En tout cas, ce fait mérite d'être encouragé. Les latrines pourraient alors servir de pépinières pour les plantes aromatiques et odoriférantes. On pense essentiellement à la multiplication des pieds de basilic, la plante par excellence des cours de maison et des échoppes de la médina. Deux latrines peuvent servir de modèle à ces pépinières : les latrines de la mosquée Sidi Ishaq et celles de Mouassine. Outre le basilic, on pourrait introduire d'autres plantes odoriférantes (jasmin, myrte, belles-de-nuit…).

De même, les cours des fondouks-caravansérails comportaient à l'origine un point d'eau et de la végétation. On pourrait aujourd'hui raviver cette tradition et utiliser les espaces des fondouks qui s'y prêtent comme points d'appui du projet de replantation de la médina. La vigne conduite en treille semble parfaitement indiquée pour développer l'art des tonnelles dans les cours intérieures des caravansérails.

Les opérations de réaménagement de tous ces édifices ne paraissent pas très compliquées. Dans le cas des latrines de Sidi Ishaq et de Mouassine, la tradition des pépinières semble être bien établie. Il suffit de la cibler par la proposition d'une liste de plantes à multiplier et par une étude de marché afin de garantir la réussite commerciale et l'autonomie financière. Quant aux cours des fondouks, le choix doit se fixer sur certains bâtiments qui peuvent satisfaire aux exigences de l'arboriculture : aire

1. Les latrines sont données en location par la municipalité à des gérants qui les entretiennent et se font payer par les usagers qui les fréquentent. Les locations se font annuellement.

suffisante et bien dégagée de tout encombrement, existence d'un point d'eau, personne ressource, etc.

La restauration du jardin historique du Maristân

Il s'agit de l'ancien hôpital qui se trouve dans la rue de Sidi Ishaq et qu'une plaque commémorative identifie au *bimâristân* (en persan, lieu de rassemblement des malades) édifié à l'époque almohade (XIIe siècle). Les sources historiques mentionnent à la fois l'hôpital et le jardin de simples qui le complétait par la production de plantes médicinales.

Le dispensaire qui occupe l'emplacement actuel attire l'attention par sa végétation remarquable, formée d'espèces locales et étrangères. La restauration du jardin doit être envisagée comme une action prioritaire, à la fois pour empêcher la disparition des arbres extraordinaires et pour rappeler un des faits marquants de l'histoire médicale et botanique de la ville. Cette restauration s'impose d'autant plus que les grands arbres, malgré l'état d'abandon où ils se trouvent aujourd'hui, continuent à offrir généreusement leur ombrage et à abriter une place où se tient régulièrement un petit souk populaire de fruits et légumes. Ce souk lui-même serait à réhabiliter car il conserve le souvenir de l'époque où s'y rassemblaient des jardiniers et des horticulteurs pour échanger les productions des vergers et des potagers intra- et extra-muros. Cependant, la restauration de ce jardin mérite d'aller plus loin. Le plan de restauration devrait non seulement respecter la végétation existante, mais aussi imaginer la réalisation d'un petit jardin de simples conçu dans la tradition arabe ou hispano-mauresque.

L'aménagement paysager des places publiques

Cet aménagement aurait pour objectif la création, en pleine médina, d'îlots de nature destinés à offrir aux populations l'ombrage nécessaire et à constituer une alternative à l'insalubrité urbaine.

Le cas de Rahba Kdima nécessite une étude approfondie, car la place est vouée presque entièrement au commerce de rue. L'option d'une couverture de la place a été autrefois rejetée par les commerçants qui ont besoin d'exposer leurs tapis aux rayons du soleil. Le projet de plantation aurait probablement plus de chances de succès. En effet, outre le fait qu'il ne dérange pas les intérêts des vendeurs, il peut procurer un ombrage suffisant pour protéger les autres usagers de la place. Quand on sait que la plupart de ces usagers sont des femmes et des personnes âgées, obligées de s'équiper d'ombrelles coûteuses pour leur budget, on comprend tout l'intérêt de la réalisation de ce projet. L'ombrage pourrait être fourni soit par le système des *dâliya*, soit par d'autres végétaux sélectionnés en fonction de la qualité de leur couvert et de leur capacité à tempérer les excès de chaleur et de luminosité.

L'aménagement de la place de la mosquée Ben Youssef posera moins de problèmes, dans la mesure où cet espace est plus dégagé et ne connaît pas l'envahissement commercial dont souffre Rahba Kdima. La forme de la place se prête bien à l'art des tonnelles et des palissades. Certaines espèces d'agrumes pourraient aussi convenir. En tout cas, l'aménagement paysager, pour donner l'effet souhaitable, doit à la fois tenir compte de la Koubba almoravide en cours de restauration et utiliser efficacement tous les recoins et les espaces disponibles.

La petite place de Zaouiat Lahdar, avec ses latrines, peut faire l'objet d'un programme de plantation allégé et mieux conçu. Il faudra tirer les enseignements de l'échec de l'installation récente de plantes en pots et tenir compte de l'intérêt des enfants, qui utilisent souvent cette place comme aire de jeux. Un aménagement paysager bien étudié pourrait faire de cet espace, à certains moments de la journée et des nuits d'été, un petit coin de délassement et de tranquillité.

En se limitant à ces propositions, quelle est la faisabilité du projet végétal dans son ensemble ?

Le projet de replantation : une utopie réalisable

Le succès du programme envisagé dépendra de la volonté des politiques, mais aussi de l'adhésion de la population concernée, des ressources hydrauliques et financières (disponibles ou à mobiliser) et de la maîtrise de l'échelle des actions à entreprendre.

En ce qui concerne le projet de valorisation des arbres extraordinaires, l'adhésion des usagers est presque acquise. Car ce sont eux qui ont, jusqu'à présent, entretenu ces arbres et les ont défendus contre les agressions extérieures. Il suffit aujourd'hui de bien expliquer la nature de l'intervention et de montrer l'intérêt de ces symboles naturels dans un milieu de plus en plus insalubre et minéralisé. Il faudra aussi attirer l'attention sur l'habitude fâcheuse qui consiste à utiliser systématiquement des couvertures en tôle. Ce matériau et ses substituts (zinc, plastique...), outre le fait qu'ils sont inesthétiques et inadaptés au climat de la médina, ont l'inconvénient majeur d'augmenter l'effet de serre en été et de contrecarrer les besoins de luminosité en hiver. Les *dâliya*, sagement utilisées depuis des siècles, ont pour avantages de procurer de l'ombre durant la saison estivale, de filtrer la luminosité pendant la saison froide et pluvieuse et de produire des récoltes de raisin appréciables.

Dans tout projet végétal, et *a fortiori* lorsqu'il s'agit d'un contexte climatique aride ou semi-aride, la question de l'eau est fondamentale. La médina de Marrakech est particulièrement sensible à ce problème, mais l'on doit ici distinguer plusieurs situations : certaines *dâliya* sont équipées de puits, ce qui leur garantit un approvisionnement régulier ; d'autres arbres profitent de l'eau des mosquées et des latrines. Par contre, la restauration des jardins et l'aménagement des places publiques risquent d'être problématiques sous le rapport de l'approvisionnement en eau.

Toutefois, plusieurs partenaires peuvent être sollicités à la fois pour résoudre ce problème et pour garantir un appui financier au projet de replantation de la médina : la municipalité, qui gère les latrines et qui est le premier partenaire concerné par le programme des espaces verts ; les *habous* dont dépendent les mosquées ; l'Office national de l'eau potable (ONEP) et la Régie autonome de distribution de l'eau et de l'électricité (RADEEMA), qui ont en charge la production et la distribution de l'eau ; le ministère de la Culture et le département de l'Environnement, pour des subventions à la protection du patrimoine de la médina et à l'amélioration de la qualité de la vie.

Le calendrier d'exécution dépendra de la complexité des projets et des moyens financiers disponibles. Mais on doit d'ores et déjà mettre en garde contre l'idée, courante à Marrakech, que la création de jardins et d'espaces verts ne nécessite pas de compétences particulières et qu'elle peut être confiée à n'importe quelle entreprise de construction[1]. Les avis des paysagistes

1. Les quelques exemples de jardins nouvellement créés ou d'aménagements paysagers effectués montrent la fascination qu'exerce aujourd'hui, sur l'imaginaire des responsables municipaux, les modèles de parcs urbains à la française ou à l'anglaise. Au lieu de restaurer les derniers témoins des jardins historiques de la médina (*'arsa* et *jnân* typiques), ils s'acharnent à les faire disparaître, érigeant à leur place des étendues à n'en pas finir de rosiers et de gazon, et des

et des jardiniers expérimentés sont nécessaires pour la réalisation du projet végétal dans son ensemble.

De plus, l'exécution du programme de replantation dépendra de la simplicité des projets et de la maîtrise de leur échelle. Il faudra envisager le calendrier de réalisation en commençant par les actions les plus simples et en s'orientant peu à peu vers les opérations les plus complexes. L'aménagement des espaces verts nécessite la prise en considération d'une période de suivi qui peut varier de deux années pour les plantations existantes à quatre années pour les jeunes plantations. L'échec des programmes d'arboriculture en milieu urbain est souvent attribué à l'absence d'une politique de suivi et d'entretien des plantations.

Le Plan vert, tel que nous l'avons conçu, s'articule autour d'équipements et d'îlots de verdure qui le jalonnent et en font l'ossature principale. Une fois ce programme réalisé, il sera possible de réintroduire le jardin dans la ville et de réhabiliter, aux yeux de la population de la médina, toute une culture urbaine basée sur la sauvegarde de l'équilibre entre le minéral et le végétal.

Cependant, il ne faudrait pas croire que ce projet de replantation suffira pour résoudre tous les problèmes que pose l'urbanisation de la médina. L'objectif, à terme, est d'amener les autorités de la ville, les habitants et les organisations de la société civile locale à prendre conscience de l'impasse où conduit la surdensification actuelle du tissu urbain.

Imaginons ce que sera, à plus ou moins longue échéance, le centre historique de Marrakech : un espace complètement minéralisé, comprimé par ses remparts et surpeuplé. Un espace incapable d'offrir à une population formée essentiellement de jeunes les équipements verts auxquels tout être humain aspire et dont il doit être en mesure de bénéficier. Rien n'exprime mieux le déficit écologique actuel que ces jeunes poussés l'été à slalomer dans les grandes artères de la ville pour accéder au maigre gazon des ronds-points et des trottoirs. Faut-il que ces enfants continuent à clamer longtemps et au prix de leur vie leurs besoins d'oxygène, de promenade et de jeux ?

pastiches de fontaines et d'allées à la mode des Champs-Elysées ! A Marrakech et ailleurs, on semble ignorer les avertissements de Jean-Claude Nicolas Forestier à l'égard des essais de jardins menés par les colons européens à son époque. Ceux-ci cherchaient absolument à "apporter sous le ciel et le climat (du Maroc) les habitudes françaises et anglaises". Non seulement ces types de jardins sont inadaptés, mais on est obligé d'y effectuer, remarque-t-il, "un travail considérable pour aboutir à des résultats souvent assez médiocres" (*op. cit.*, p. 163-164).

Seconde partie

LA CIVILISATION DE L'EAU CONFRONTÉE A LA POLITIQUE DES BARRAGES

CHAPITRE I

LA GRANDE HYDRAULIQUE DANS LE HAOUZ : DES RÊVES DE CALIFORNIE ET DE PROVENCE

La politique d'édification des barrages-réservoirs modernes, dite aussi "option en faveur de la grande hydraulique", a constitué, depuis la fin des années 1960, l'action privilégiée de l'Etat marocain en matière de développement agricole. Le Haouz n'est pas resté à l'écart de ce mouvement d'extension des équipements hydrauliques. Pour étudier l'impact de ces changements techniques sur les structures économiques et sociales, il nous faudra tenir compte à la fois de l'ancienneté des cultures locales de l'eau et des bouleversements produits par le modèle d'aménagement hydraulique colonial.

I. L'EAU DANS LE HAOUZ : UNE HISTOIRE DE LONGUE DURÉE

L'eau a eu dans le passé, et continue à avoir de nos jours, une importance telle que son histoire nous offre une bonne grille de lecture qui permet de comprendre les processus qui commandent la naissance et le devenir des sociétés locales.

Dans le cas du Haouz de Marrakech, le lien entre la question hydraulique et la grande histoire se vérifie beaucoup mieux que dans les autres régions du Maroc en raison, d'une part, de l'ancienneté de l'irrigation et, d'autre part, de la coexistence dans un même espace de deux, voire trois générations d'appareils hydrauliques. A partir des réalités de cette région, on peut suivre sur une longue durée l'évolution des projets d'aménagement hydro-agricole. Mais, avant de chercher à dégager les étapes de cette évolution, commençons par dire quelques mots

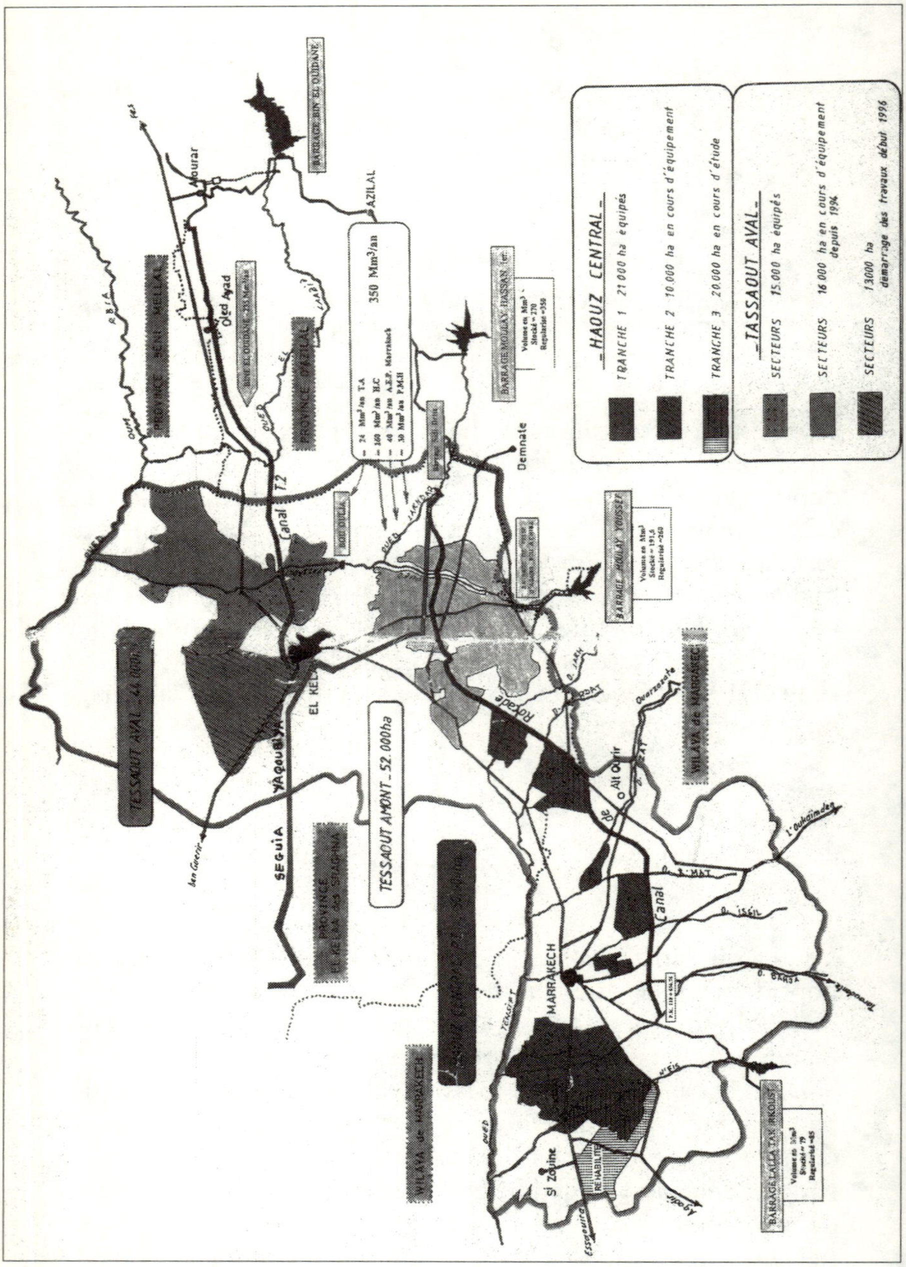

Périmètres d'irrigation du Haouz.

(Source : d'après l'office régional de Mise en valeur du Haouz.)

sur les limites de l'espace étudié et les caractéristiques générales de son écosystème.

Le Haouz désigne tout espace mis sous tutelle ou approprié par des individus, par des communautés rurales ou par un Etat. Toutefois, si les géographes arabes du Moyen Age ne nous ont pas laissé une définition de ce mot, ils ont essayé de préciser le contenu d'un terme équivalent, le Fahs, fréquemment utilisé dans l'Andalousie arabe et qui désigne "tout endroit habité, que ce soit une plaine ou une montagne, à condition que le territoire concerné soit mis en valeur[1]". Généralement, les mots Fahs et Haouz renvoient à un espace qui couvre tout l'arrière-pays agricole d'une agglomération urbaine, qu'il s'agisse d'une grande métropole ou d'une ville de dimension plus réduite. Si l'on veut pousser plus loin la comparaison, disons avec E. Doutté qu'il s'agit, pour le Haouz de Marrakech, de quelque chose comme la Provence pour le sud de la France[2].

Les limites du Haouz ainsi défini ont certainement varié au cours du temps. Selon les documents et les auteurs, sa surface oscille entre 350 000 hectares (office régional de Mise en valeur agricole du Haouz, ORMVAH, 1966) et 900 000 hectares (Office national de l'irrigation, ONI, 1961). Paul Pascon a retenu pour son objet d'étude un espace plus restrictif, excluant le bassin de la Tessaout et ne retenant que la zone comprise entre l'Atlas au sud, les Jbilet au nord, l'oued N'Fis à l'ouest et la zone d'épandage de l'oued R'Dat à l'est[3].

Aujourd'hui, l'extension de l'infrastructure hydraulique (canal de la Rocade, canal T2) nous oblige à retenir l'idée du grand Haouz qui rayonne sur une partie du bassin de l'Oum er-Rbia et va jusqu'à englober une portion de la plaine de la Bahira. Nous verrons que cet élargissement n'a rien de fantaisiste et qu'il trouve sa justification également dans les données de l'histoire.

Du point de vue des conditions de la géographie et du climat, le Haouz appartient à un écosystème aride et semi-aride, caractérisé par une faible pluviométrie et des températures moyennes élevées, avec de grands écarts mensuels et même journaliers. Les précipitations annuelles (240 millimètres à Marrakech, 260 à El Kelâa) se répartissent entre une saison

1. Ibn al-Khatîb, *Histoire de la dynastie nasride* (en arabe), Beyrouth, 1978, p. 28.
2. E. Doutté, *En tribu*, cité par Paul Pascon, *Le Haouz de Marrakech*, vol. I, Rabat, 1983, p. 22.
3. Paul Pascon, *Le Haouz*, *op. cit.*, p. 24.

pluvieuse (d'octobre à avril-mai) et une saison sèche qui dure tout l'été. Cette saison sèche est généralement marquée par de fortes chaleurs et des vents desséchants (chergui et sirocco) pendant une quarantaine de jours. Telles sont, en résumé, les conditions climatiques sévères qui ont rendu la mobilisation des ressources hydrauliques non seulement nécessaire, mais vitale[1].

Une étude réalisée par les services techniques de l'Office national de l'irrigation (l'ONI) au début des années 1960 a montré que, sans irrigation, il ne pouvait se développer dans la région qu'une céréaliculture à faibles rendements. La culture de l'olivier, qui constitue aujourd'hui une des plus grandes richesses arboricoles du Haouz, aurait été impossible sans un apport suffisant et régulier d'eau[2].

Ainsi, si l'on se limite aux données du climat, on peut affirmer que rien, apparemment, ne prédestinait cette région à devenir un pôle de développement agricole. Cependant, grâce à la proximité de la chaîne montagneuse du Haut-Atlas, qui forme un véritable château d'eau, le Haouz, bien qu'il soit constamment sous la menace de la sécheresse, a pu échapper au destin des zones désertiques.

En effet, la plaine arrive aujourd'hui à drainer les ressources hydrauliques de quelque sept oueds (N'Fis, Rhiraya, Ourika, R'Dat, Zat, Tessaout, Lakhdar) appartenant à deux grands bassins hydrauliques (le Tensift et l'Oum er-Rbia). L'apport moyen annuel de ces oueds s'élève à 1,605 milliard de mètres cubes, auxquels on peut ajouter tout le potentiel des eaux souterraines (238 millions de mètres cubes). Ce sont ces réserves qui ont permis la mise en place de politiques d'aménagement hydro-agricole plus ou moins audacieuses, visant à contrebalancer la rigueur du climat et à accroître les productions agricoles de la région.

Le projet d'aménagement hydro-agricole du Haouz a en fait toute une histoire. Telle qu'on peut la reconstituer à travers la courte mémoire des documents techniques, cette histoire ne remonte pas plus loin qu'au début des années 1960. Cependant, dans l'ensemble, on estime que le pas décisif en matière d'aménagement n'a été franchi que pendant les cinq premières années de la décennie 1980, où la succession des sécheresses a hâté le

1. ORMVAH, "Les ressources naturelles et la mise en valeur actuelle de la plaine du Haouz", in *Revue de géographie du Maroc*, 1970.
2. *Ibid.*

processus de mise en place et de construction des grands appareils hydrauliques de la région[1].

On peut se demander pourquoi, en l'espace de quelques années, le rythme des équipements hydro-agricoles s'est accéléré. On ne peut manquer d'évoquer d'abord des facteurs d'ordres climatique (déficits hydriques), technique et financier. Mais ces facteurs ont toujours existé et l'on peut même dire qu'à certains moments, ils se présentaient sous un jour plus favorable qu'au début des années 1980, où la politique d'austérité a commencé à entrer en vigueur. Par conséquent, il convient de recourir à d'autres schémas pour expliquer les phases de sommeil et d'accélération du rythme des équipements hydro-agricoles. Souvent, les rapports techniques reconnaissent l'existence de blocages dus soit au statut foncier, soit aux droits d'eau traditionnels. Et l'on est étonné de constater que des documents si préoccupés par la quotidienneté sont obligés d'évoquer des problèmes liés au passé et qui risquent de neutraliser l'action présente. C'est alors que l'on s'aperçoit que l'étude des aménagements hydro-agricoles, surtout dans une région de vieille hydraulique comme le Haouz, n'est pertinente que restituée dans une perspective historique.

Mais de quelle période de l'histoire s'agit-il ? Est-ce le passé d'hier (l'époque coloniale) ou celui d'avant-hier (l'époque précoloniale) ?

On sait, d'après Paul Pascon, que le projet d'aménagement hydro-agricole du Haouz remonte à l'époque coloniale, plus précisément au début des années 1920[2]. Il a fallu près de soixante ans pour que l'idée du transfert des eaux de l'oued Lakhdar au Haouz central soit enfin réalisée. Ce décalage exprime, si besoin est, les pesanteurs de l'histoire. Une histoire qui a toujours été présente, depuis la colonisation jusqu'à nos jours, avec son équipement hydraulique, ses réseaux de distribution et ses traditions de partage et de gestion des eaux. C'est cet arrière-fond historique qui a obligé les aménageurs à composer avec le passé, à défaut de pouvoir l'ignorer ou l'exclure.

1. GRONTMIJ, *Etude de l'aménagement du Haouz central et de la Tessaout-aval*, vol. II, Pays-Bas, 1976. Contrairement aux rapports techniques qui ne remontent pas plus loin qu'à l'année 1976, notre démarche consiste à partir des huit siècles de développement hydraulique du Haouz pour mieux comprendre la signification des changements hydro-agricoles actuels.

2. Paul Pascon, *Le Haouz*, vol. II, *op. cit.*, p. 500.

Par ailleurs, l'idée de transfert des eaux, qui constitue l'originalité même du projet colonial, n'est pas, au fond, une idée nouvelle. Elle n'a été que la continuation, sous une autre forme et avec d'autres moyens, d'un programme ambitieux qui remonte, en fait, à l'époque almohade (1130-1269).

Nous préférons, à cette étape de l'analyse, brosser à grands traits les contours d'un tableau où figureront les idées, les conceptions des aménageurs et leur matérialisation sur le terrain. Ainsi, il sera possible de comparer les performances de chaque période et de tirer des conclusions provisoires qui permettront de relativiser certains jugements passés et de sortir la question hydraulique du seul cadre technique, où l'on a cherché trop souvent à l'inscrire, pour lui restituer toute sa dimension socio-historique.

Aux origines de la civilisation de l'eau

La recherche des origines nous ramène au XIe siècle, qui a connu l'avènement de la dynastie almoravide (1061-1147) et la création de la ville de Marrakech (1071). Avant cette date, la plaine était livrée à une végétation sauvage formée de jujubiers épineux, de pistachiers, de palmiers nains et d'oléastres. Les oueds de l'Atlas finissaient dans des bas-fonds marécageux, avant de se jeter dans l'oued Tensift.

C'est dans ce décor inhospitalier que les Almoravides ont choisi d'établir leur campement. Avec le recul que permet l'analyse de longue durée, on s'aperçoit à quel point l'emplacement de la ville était judicieux et parfaitement adapté aux contraintes du milieu et de la topographie. Marrakech a été construite dans un endroit suffisamment éloigné du Tensift et des eaux stagnantes qui le bordent, tout près de l'oued Issil, qui constitue un évacuateur naturel du trop-plein d'eau, et à une distance de la montagne telle qu'il était possible de drainer l'essentiel des ressources hydrauliques charriées par les oueds atlassiques.

Il est certain que tous ces avantages ne sont pas apparus immédiatement aux aménageurs de l'époque. Mais l'histoire de la mise en valeur du Haouz ne fera que confirmer, *a posteriori*, la justesse de l'option almoravide qui a retenu un site placé au carrefour d'énormes gisements hydrauliques. Néanmoins, avant de se tourner vers les eaux de l'Est, la capitale naissante a cherché à exploiter les potentialités les plus accessibles et les moins coûteuses. C'est ainsi qu'on est passé progressivement du système de la *sâniya* (machine à godets) à celui de la *khettara* (galerie drainante souterraine), et de cette dernière à l'ère de la seguia (canal) à dimension régionale.

De la sâniya *à la* khettara *: la prééminence des eaux cachées*

La priorité accordée à l'exploitation des eaux souterraines s'explique d'abord par des causes physiques et naturelles. En effet, on sait depuis peu que le niveau de la nappe phréatique du Haouz décroît du sud vers le nord, passant de 60 mètres dans la limite sud à 10 mètres dans la limite nord. Près de 40 % de la plaine est située ainsi dans une zone où le toit de la nappe se trouve à une profondeur inférieure à 10 mètres[1]. C'est dire qu'ici les conditions hydrogéologiques étaient, dès le départ, favorables à une orientation de l'aménagement vers une utilisation de ce que les hydrauliciens arabes du Moyen Age appelaient les "eaux cachées[2]".

La lecture des documents historiques et archéologiques nous montre que la dynastie almoravide s'est contentée, à ses débuts, de l'eau tirée des puits grâce à des machines à godets mues par l'énergie animale. Cette technique, performante pour assurer les besoins d'un campement ou d'une exploitation de subsistance, ne pouvait plus répondre aux exigences d'une ville comme Marrakech, devenue la capitale d'un empire qui s'étendait sur le Sahara, l'Afrique du Nord et l'Andalousie. D'ailleurs, c'est la création de cet espace impérial qui va permettre à la civilisation almoravide d'intégrer l'apport de nouvelles techniques hydrauliques importées des provinces orientales et acclimatées, depuis un ou deux siècles, dans l'Espagne musulmane.

On sait que les Arabes disposaient déjà, aux IXe-Xe siècles, des connaissances technologiques qui ouvriront la voie à la diffusion de la technologie révolutionnaire des *khettara* et des grands canaux (ou seguias). Cependant, malgré le progrès accompli par les Almoravides dans le domaine de l'irrigation, on ne peut parler à cette époque de la naissance d'un projet d'aménagement hydro-agricole épousant toute la région du Haouz.

1. *Ibid.*, vol. I, p. 57.
2. Al-Karajî, *Traité de l'exploitation des eaux souterraines*, trad. fr. A. Mazaheri, Nice, 1973.

La durée de vie de cette dynastie a-t-elle été trop courte ? Faut-il chercher des explications dans l'origine saharienne de la dynastie et ses penchants plus mercantilistes qu'agricoles ?

En tout cas, un fait relevé par Paul Pascon nous paraît important : les Almoravides, étrangers à la région du Haouz, n'ont pas pu disposer d'une assise tribale suffisamment étendue et durable pour lancer un vaste programme d'aménagements hydro-agricoles. Il a manqué ici ce consensus dont parle Michel Marié et qui est nécessaire à la réalisation de toute politique de grands travaux[1].

Le temps des grands canaux almohades

L'époque almohade (1130-1269) s'est caractérisée par l'émergence d'un pouvoir central très fort, appuyé par une idéologie religieuse unitaire et s'assurant, dès le départ, le contrôle des tribus montagnardes installées tout au long du *dir* (piémont) du Haut-Atlas. C'est le contrôle des institutions tribales qui va permettre de passer d'une stratégie fondée sur l'exploitation des eaux souterraines à un schéma d'aménagement plus élaboré, lequel prévoit non seulement la dérivation des cours d'eau, mais aussi le transfert des ressources hydrauliques d'une région à une autre.

Comment ce plan ambitieux a-t-il pu germer dans l'esprit des aménageurs de l'époque ? Nous avons mentionné le contrôle des institutions tribales comme condition de l'aménagement. On peut également évoquer l'intérêt personnel que les souverains almohades, surtout Abd al-Mu'min (1133-1163) et son fils Abû Ya'qûb (1163-1184), portaient aux grands travaux hydrauliques. De plus, entre en ligne de compte la constitution d'un empire aux limites étendues : un empire qui a besoin d'un projet mobilisateur et fédérateur, en somme d'une vitrine idéologique d'où l'on puisse admirer toute l'œuvre d'une civilisation. Les sources historiques nous font découvrir, par ailleurs, un imposant corps de génie civil, formé d'ingénieurs hydrauliciens, d'architectes, d'entrepreneurs de travaux et de plusieurs corporations de métiers, qui entoure le prince et le suit dans ses déplacements fréquents entre Marrakech et l'Andalousie. C'est probablement dans ces milieux que le

1. Michel Marié, "Pour une anthropologie des grands ouvrages hydrauliques, le cas du canal de Provence", in *Annales de la recherche urbaine*, éd. Dunod, Paris, 1984.

projet d'aménagement hydro-agricole de la plaine du Haouz a vu le jour[1].

En quoi ce projet consistait-il ? Les Almohades vont d'abord continuer l'effort de mobilisation des eaux souterraines, donnant ainsi à la technique des *khettara* une extension qu'elle n'avait jamais atteinte par le passé, du moins dans la région du Haouz. Puis, sans doute pour des raisons liées à la pression démographique et au progrès de l'urbanisation, leurs regards vont se tourner vers les eaux de l'oued Ourika. Cette rivière se distingue des autres par le fait que, outre un débit plus abondant, elle offre de meilleures conditions pour le développement de l'agriculture irriguée.

A partir de l'Ourika, les ingénieurs almohades ont creusé un canal appelé Tasoultant (ou canal royal) qui transporte l'eau sur plus de 20 kilomètres et permet d'irriguer les terres, d'arroser les jardins royaux, d'actionner différentes machines hydrauliques et, en fin de parcours, d'assurer l'alimentation de la ville de Marrakech en eau potable. Ce fut le premier ouvrage hydraulique à usage multiple.

Après cette réalisation qui va ouvrir la voie à l'extension du système des seguias dans le Haouz, tout le progrès en matière d'aménagement hydro-agricole a consisté, semble-t-il, à concevoir et mettre en place un dispositif ingénieux permettant le transfert des eaux de l'oued Lakhdar vers la plaine de la Bahira, sur une distance de plus de 90 kilomètres : le canal dit Al-Ya'qûbiyya, du nom du souverain almohade Abû Ya'qûb Yûsuf dont nous avons parlé plus haut.

Les historiens de l'époque médiévale ne disent rien sur ce canal et sur ses caractéristiques techniques. Mais les informations qu'ils nous ont laissées témoignent de l'étendue de l'œuvre hydraulique d'Abû Ya'qûb, qui a construit de grands aqueducs non seulement dans le Haouz de Marrakech, mais à Rabat, Ceuta, Gibraltar, Cordoue et Séville. Ainsi se confirme la dimension méditerranéenne du projet almohade, qui cherchait à intégrer dans le même réseau les provinces du nord et du sud de l'Empire.

En ce qui concerne le canal de la Ya'qûbiyya, les textes tardifs évoquent un projet à caractère plutôt régional dont l'ambition est de relier le Haouz septentrional à la ville de Safi, sur la côte atlantique. S'il est difficile aujourd'hui de déterminer si la seguia Ya'qûbiyya se prolongeait ou non jusqu'aux environs de Safi,

1. M. El Faïz, *Les Jardins de Marrakech*, *op. cit.*

retenons au moins l'ambition d'un projet qui concevait pour la première fois l'aménagement dans une optique d'équilibre régional, prenant l'eau là où elle était abondante et la transportant là où elle était la plus utile. Dans le transfert des eaux, c'est l'axe est-nord-ouest qui a été privilégié. Ceci montre que Marrakech, à l'époque, avait suffisamment de ressources hydrauliques pour ne pas songer à détourner des eaux jugées trop lointaines et coûteuses.

Les souverains almohades, qui étaient des bâtisseurs de *khettara* et de seguias régionales, ont accompli dans le domaine de l'hydraulique un effort qu'on ne cesse aujourd'hui d'évaluer et d'apprécier. Outre les grands ouvrages de captage et de distribution des eaux cachées et superficielles, il faut également mentionner ces énormes bassins-réservoirs construits dans les jardins royaux de l'Agdâl et de la Ménara, et dont la capacité totale dépasse 267 000 mètres cubes. Ces bassins avaient pour fonction de couvrir une partie des besoins de la ville en eau potable et d'arroser les vergers durant la période estivale. En tout, les Almohades ont pu ainsi irriguer entre 20 000 et 25 000 hectares, partagés entre le Haouz et la Bahira[1].

Après cette période de grands travaux, la région du Haouz est entrée dans une longue phase d'assoupissement et de repli. Certes, il y a eu des moments de renaissance et un effort de restauration, surtout au XVIe siècle, avec les Saâdiens, et au début du XIXe siècle, avec les Alaouites. Mais, pour toute une série de raisons, tant internes qu'externes, le temps des bâtisseurs des galeries drainantes souterraines et des aqueducs semble être révolu.

Est-ce la fin de la créativité dans le domaine hydraulique ? On ne peut prononcer un jugement aussi tranché. En tout cas, rien ne permet d'affirmer que la veine almohade s'est épuisée complètement. Le tissu du réseau hydraulique a continué à se ramifier lentement et à petite échelle, stimulé par des initiatives non seulement étatiques, mais aussi tribales et caïdales (lors de la montée du pouvoir des grands caïds).

Performances de la civilisation de l'eau

Pour évaluer les performances de l'hydraulique dite traditionnelle du Haouz, on peut s'appuyer sur les éléments de l'enquête de Paul Pascon, qui date du début des années 1970.

1. Paul Pascon, *op. cit.*

Le réseau hydraulique ancien y apparaît dense, diversifié et complexe. Il se compose de trois types d'appareils à la fois simples et ingénieux : il s'agit en premier lieu des seguias qui permettent d'arroser 63 % des superficies irriguées du Haouz (soit 75 586 hectares). Elles sont suivies, par ordre de performance, par les *khettara* (14 %, soit 20 520 hectares), les puits (3 %) et un système mixte d'irrigation (15 %)[1]. Outre son importance sur le plan des superficies irriguées, la vieille hydraulique du Haouz a conservé, au cours des siècles, une grande souplesse qui lui a permis de s'adapter aux variations de l'écosystème et du milieu sociopolitique, et de tirer parti avec beaucoup d'efficience des ressources hydrauliques disponibles.

C'est ainsi que les seguias arrivaient à drainer les trois quarts des eaux véhiculées par les oueds atlassiques, alors que les *khettara* prélevaient plus de 60 % des gisements de la nappe phréatique[2]. On peut également relever la faiblesse du décalage entre les superficies dominées par le réseau hydraulique (ou potentiellement irrigables) et les superficies effectivement irriguées. Ce faible décalage exprime la capacité des hydrauliciens du passé à développer la mise en valeur agricole et à exploiter toutes les eaux autres que les eaux des crues.

A ces avantages d'ordre technico-économique, il est possible d'ajouter d'autres aspects qui montrent que l'ancien système de mobilisation et de distribution des eaux contribuait à la sauvegarde des équilibres écologiques et sociaux. En ce qui concerne le système des seguias, tout le dispositif – du barrage de dérivation de l'eau de l'oued à la petite rigole d'alimentation d'une exploitation – semble être conçu de manière à "ruser" avec la nature et à s'y adapter. Les bâtisseurs marocains de seguias et de *khettara* ne cherchaient pas à dominer la nature ou à s'y opposer de manière frontale. Leur souci était d'exploiter le potentiel hydraulique existant, sans l'épuiser ni diminuer ses capacités de renouvellement.

Le patrimoine hydraulique du Haouz a donc nécessité, pour sa mise en valeur, des techniques relativement simples, mais exigeantes en main-d'œuvre. Si l'on se représente l'étendue du réseau traditionnel et son déploiement dans l'espace, on peut imaginer les millions d'heures de travail qu'il a fallu, non seulement pour construire ce réseau, mais aussi pour le conserver et l'entretenir.

1. *Ibid.*, vol. I, p. 85.
2. *Ibid.*

On doit se rappeler ici que c'est la communauté tribale qui a été la cheville ouvrière de cette première génération hydraulique. Grâce à sa disponibilité, à sa capacité d'initiative et d'organisation, à l'efficacité de son système de contrôle et de surveillance, elle a légué à la modernité un système technologique qui, outre ses performances technico-économiques, avait l'avantage d'intégrer les compétences paysannes et de renforcer les solidarités villageoises.

Comment ce patrimoine hydraulique a-t-il évolué face aux bouleversements techniques de la période coloniale et postcoloniale ? On tentera de répondre à cette question dans les développements qui vont suivre. On verra comment les aménageurs de l'époque coloniale et du Maroc indépendant seront obligés, au début, d'abandonner le rêve d'un aménagement californien du Haouz et de composer avec une société hydraulique spécifique, pétrie par une pratique millénaire de l'irrigation gravitaire et du tour d'eau traditionnel. On peut se demander si les quatre-vingts ans d'efforts déployés à partir de l'année du protectorat (1912) pour propager la rationalité moderne en milieu rural ont suffi pour venir à bout de la civilisation hydraulique du Haouz et de ses cultures de l'eau.

II. LE PROJET HYDRAULIQUE COLONIAL ET LES HÉRITAGES DE LA SOCIÉTÉ LOCALE

L'espace du grand Haouz est parcouru de nos jours par des canaux d'arrosage de longueurs, de débits et d'âges différents. Dans le même espace géographique coexistent des ouvrages qui appartiennent à deux, voire trois générations hydrauliques. Certains canaux ont plus de huit siècles d'existence (seguia Ya'qûbiyya, seguia Tasoultant). D'autres font partie des appareillages les plus modernes et les plus sophistiqués (canal de la Rocade, canal T2).

On ne peut suivre ici l'histoire compliquée, souvent obscure, de tous les canaux existants ou disparus. On cherchera surtout à décrire et analyser deux modèles d'hydraulique : le premier nous est fourni par l'histoire de la seguia Ya'qûbiyya, qui date du XIIe siècle et dont la courbe de vie illustre très bien les fondements d'une culture technique de l'eau d'essence patrimoniale, caractérisée par l'allure de son tracé, l'étendue de son réseau de distribution, ses traditions de gestion et de partage des eaux et la nature de ses conflits ; le second modèle peut être appréhendé à travers l'histoire récente d'une nouvelle génération d'ouvrages hydrauliques (tels le canal de la Rocade et le canal T2) qui ont bénéficié d'énormes capitaux, des progrès de la régulation dynamique, et qui tendent à substituer aux disciplines collectives de répartition de l'eau des formes de gestion administrative et bureaucratique. A cette étape de la recherche, on se limitera à suivre l'évolution de l'idée des aménageurs, sans se préoccuper encore de ses résultats.

La seguia Ya'qûbiyya : huit siècles d'histoire d'un canal almohade

La seguia Ya'qûbiyya constitue l'un des plus grands ouvrages hydrauliques de l'époque précoloniale[1]. Après avoir étudié l'origine et les caractéristiques de ce canal, on examinera son évolution depuis la période du protectorat français jusqu'à nos jours.

Origine et caractéristiques du canal Ya'qûbiyya

La seguia Ya'qûbiyya fut construite sous le règne du calife almohade Abû Ya'qûb Yûsuf (1163-1184). Sa prise d'eau se fait à partir de la rive gauche de l'oued Lakhdar, non loin de l'endroit d'où partira le canal moderne de la Rocade. Le barrage est en fait une construction simple en pieux et en fascines, qui barre parallèlement le lit de la rivière et relève le plan d'eau de quelques centimètres. Grâce à cette dérivation de fortune, l'eau est conduite dans la seguia qui serpente sur les hauteurs et arrive à l'oued Tessaout (20 kilomètres environ), sans avoir nécessité d'importants travaux de maçonnerie. L'objectif de l'ingénieur almohade visait à rejoindre la rivière Tessaout le plus en amont possible et à collecter ainsi les eaux des deux oueds.

Une imposante construction à trois pans barre la rivière Tessaout sur une longueur de 380 mètres. Elle s'appuie sur un socle formé de béton de chaux et de gros galets roulés (5 mètres de largeur sur 3 mètres de hauteur). La rive gauche étant à

1. M. El Faïz, "Pour une histoire de longue durée des aménagements hydro-agricoles dans le Haouz" in *Grands appareillages hydrauliques et sociétés locales en Méditerranée*, éd. Michel Marié et A. Bencheikh, Presses ENPC, Paris, 1994, p. 28-29.

8 mètres environ du lit de l'oued, il a fallu aménager pour la seguia Ya'qûbiyya une sortie vers le nord-ouest, grâce à la réalisation d'un ingénieux système de galeries drainantes souterraines (les fameuses *khettara*). Le parcours de la seguia se poursuit jusqu'à la ville d'El Kelâa ; elle franchit la trouée des Jbilet et bifurque à l'ouest pour arriver, enfin, à la plaine de la Bahira. Le franchissement des ravins et des obstacles se fait sur des radiers en béton et des arches qui furent découverts par Charles Allain[1]. Large de 4 mètres et profonde de 70 centimètres, la seguia Ya'qûbiyya parcourait plus de 90 kilomètres sur un tracé encore lisible sur le terrain au début des années 1950.

Arrivé à l'ouvrage répartiteur, l'aqueduc se divise en deux branches : la première alimente des citernes qui servent de réservoirs d'eau. Les fouilles archéologiques ont dégagé les sites de neuf citernes d'une capacité totale de 3 254 000 litres. Ces installations visaient à subvenir aux besoins des nombreuses caravanes tout au long de l'année. La seconde dérivation assurait, quant à elle, l'irrigation de près de 3 000 hectares dans les environs de M'Dinat Asafi. Le système cultural y est dominé par la céréaliculture (surtout l'orge). On a découvert, sur le même site, des silos à grains d'une capacité de 5 000 mètres cubes.

L'aqueduc, les différents ouvrages d'art, les citernes, les terres irriguées et les silos constituent, en somme, un complexe imposant dont la gestion est réglée par les droits d'usage et le principe de la priorité de l'amont sur l'aval.

L'instabilité politique, les changements dynastiques vers la fin du XIIIe siècle (avènement des Mérinides) et le repeuplement de la zone d'aménagement par des tribus nomades à partir du XVIe siècle furent à l'origine de la destruction d'une grande partie des appareillages de la seguia Ya'qûbiyya. A la veille du protectorat (1912), le canal se trouvait à l'état d'abandon, amputé de la moitié de son ancien parcours.

L'époque coloniale, ou le nouvel habillage d'un réseau traditionnel

Michel Ecochard, se faisant l'historiographe des anciens canaux d'irrigation du Maroc, écrivait, non sans triomphalisme, ceci : "L'équipement hydraulique dont la France, depuis le protectorat,

1. Ch. Allain, "Reconnaissances archéologiques dans la Bahira", I-II, in *Hespéris*, 1956, p. 155-183.

s'est donné pour tâche de doter le Maroc va transformer progressivement la physionomie de l'irrigation dans ce pays. La seguia traditionnelle va céder le pas au canal en béton, construit suivant les derniers progrès de la technique moderne, le barrage précaire en matériaux de fortune disparaîtra devant le barrage moderne, le partiteur rustique sera remplacé par des systèmes automatiques de distribution[1]."

En attendant la réalisation de ce programme ambitieux, les ingénieurs de la colonisation furent amenés, dans une première étape, à composer avec l'hydraulique ancienne, à "bricoler", selon le mot de Paul Pascon, le réseau traditionnel au lieu de le transformer[2].

Les changements apportés par le protectorat peuvent être résumés par les points suivants : promulgation du dahir de la domanialité des eaux afin d'assurer le contrôle de l'Etat sur les ressources hydrauliques de la région ; reconnaissance des droits d'eau antérieurs à la colonisation ; création, enfin, de lots de colonisation et affirmation de la priorité de l'aval sur l'amont.

La "faim de l'eau" qui a caractérisé les débuts du protectorat dans la région du Haouz a poussé les colons à tourner leurs regards vers les eaux de la seguia Ya'qûbiyya, transformant cet ouvrage hydraulique du passé en objet de convoitises. Martin, l'ingénieur des Ponts et Chaussées qui fut responsable de la circonscription hydraulique de Marrakech et de sa région, a mené toute une campagne en faveur de la réglementation des eaux. L'objectif déclaré visait à "retirer aux usagers actuels une eau qu'ils utilisent mal[3]".

C'est lors de la réunion du 22 novembre 1921 au palais de la Bahia, à Marrakech, que furent décidées, en présence du résident général Lyautey, la conduite des eaux de l'oued Lakhdar et l'alimentation d'El Kelâa par l'intermédiaire de l'ancienne seguia Ya'qûbiyya, ainsi que la construction d'un aqueduc pour franchir l'oued Tessaout. Les travaux d'édification de l'ouvrage de franchissement et le bétonnage de la nouvelle seguia Ya'qûbiyya (ou Ya'qûbiyya Jdida) ont duré de 1932 à 1935. Le coût de rénovation a été estimé à 103,38 millions de francs de l'époque du protectorat.

1. Michel Ecochard, "L'économie marocaine traditionnelle : les anciens réseaux d'irrigation du Maroc", in *Bulletin économique et social du Maroc*, 1954, p. 8.
2. Paul Pascon, *Le Haouz*, *op. cit.*, p. 50.
3. A. Herzenni, *Problèmes de droits d'eau et d'irrigation dans le seuil de Gaïno et le lotissement d'El Kelâa*, ORMVAH, 1983, p. 16.

L'application de ce modeste programme de rénovation de la vieille hydraulique a réveillé un conflit, bien connu en métropole, entre les services du Génie rural, qui ont pour tâche d'aménager les lotissements de la colonisation, et les services des Travaux publics, qui se voient attribuer l'inventaire et la gestion des ressources hydrauliques. Bien qu'il ait été retenu le 11 avril 1932, le principe de partage des compétences n'a pas résolu la question de l'interférence entre les agents appartenant à différentes administrations publiques.

En fin de compte, le canal a été bétonné par les soins du Génie rural sur 36 kilomètres, de la source jusqu'aux limites des lots de colonisation d'El Kelâa. En gros, le tracé a emprunté l'itinéraire de la seguia almohade, ne s'en écartant qu'au moment du franchissement de l'oued Tessaout.

Le bétonnage de la seguia Ya'qûbiyya a permis une économie appréciable des ressources hydrauliques. D'où un nouveau partage des eaux qui s'est fait au profit du puissant du moment : 245 litres par seconde, soit 25 % du débit de la seguia, étaient prélevés par le lotissement de la colonisation au détriment des usagers de l'amont. A El Kelâa, trois blocs de colonisation, totalisant 3 000 hectares (soit une étendue équivalente à celle de l'époque almohade), furent réalisés. Le mode de distribution adopté était inspiré du tour d'eau traditionnel et allégé : 24 heures d'arrosage par colon, durant lesquelles chacun disposait de l'ensemble du débit réservé au bloc[1].

Le Maroc indépendant va hériter de l'époque coloniale une situation conflictuelle, caractérisée par l'opposition d'intérêts entre Travaux publics et Génie rural et par la confiscation de l'eau “tribale” au profit des colons.

De l'indépendance à nos jours

Au lendemain de l'indépendance, on assiste à la remise en cause de l'ensemble de la situation des droits d'eau de l'époque coloniale : revanche des usagers de l'amont, qui récupèrent souvent plus que le débit auquel ils ont droit ; récupération des lots de colonisation distribués aux Marocains dans le cadre des opérations de la réforme agraire ; construction, enfin, du barrage Moulay Youssef (1970) dont l'eau servira à irriguer le périmètre de la Tessaout-amont et à alimenter les coopératives agricoles d'El Kelâa, *via* la seguia Ya'qûbiyya rénovée. Cependant,

1. *Ibid.*, p. 63.

l'eau du barrage, loin de mettre fin au problème de la variabilité des débits et de leur insuffisance, ne fera que compliquer davantage le schéma initial de gestion et de contrôle des ressources hydrauliques.

Le nouveau réseau d'irrigation installé à grands frais et les normes élaborées par les services techniques de l'office régional de Mise en valeur agricole du Haouz ont été à l'origine de conflits d'objectifs entre l'administration et les agriculteurs. A. Herzenni a résumé ces conflits de la manière suivante : "Les agriculteurs cherchent à utiliser le maximum d'eau par attributaire, à tour de rôle et sur la surface la plus grande possible. Le tour d'eau pratiqué était de 8 jours à raison de 6 heures par attributaire. Durant l'été, ce tour est réduit de moitié pour une même durée d'irrigation. L'administration, quant à elle, opte plutôt pour la simultanéité de l'irrigation par plusieurs canaux avec une main d'eau fixée à 30 litres par seconde. A la flexibilité de l'ancien système de partage de l'eau, on a voulu substituer un système contraignant, impérativement hebdomadaire, et fournissant en plus des dotations aléatoires[1]." Par conséquent, les paysans n'ont pas hésité à pratiquer des ouvertures illégales dans le réseau étatique et à y établir des raccords de fortune mieux appropriés à leur tour d'eau traditionnel.

Nous sommes ici en plein dans une situation d'"aménagement frontal" (selon l'expression de Michel Marié) ou de "rationalité de la planche à dessin" (selon Paul Pascon), caractérisée par un affrontement entre des modèles technocratiques et la logique paysanne. Face à la résistance des paysans et aux tentatives de boycott de l'eau de l'Etat, une "commission d'experts" est allée jusqu'à proposer "la suppression pure et simple de l'ensemble des seguias et *mesref* (ou canaux secondaires) en terre afin d'obliger les attributaires à utiliser les nouveaux canaux[2]".

C'est là un exemple qui nous montre jusqu'où peut aller la logique technicienne pour imposer sa vision de l'aménagement rural. Incapable de comprendre la motivation des paysans, elle cherche à gommer du paysage tout un ensemble de traditions hydrauliques vivantes qui encombrent sa planche à dessin. Mais peut-on faire l'économie d'une mémoire hydraulique avec laquelle les ingénieurs du protectorat furent obligés de composer pendant trois quarts de siècle ?

1. *Ibid.*, p. 72.
2. *Ibid.*, p. 77.

Un paysan que j'ai interrogé lors d'un déplacement dans la région de la seguia Ya'qûbiyya a réussi à trouver le mot juste pour qualifier cette nouvelle agriculture sortie directement du laboratoire des ingénieurs : c'est "l'agriculture de bureau" *(flâhat al-birou).* Elaborée sans concertation avec les paysans, et souvent dirigée contre eux, cette agriculture de cabinet cherche à arraisonner un territoire sans se préoccuper des besoins des hommes qui le peuplent et de leur histoire.

La situation de la seguia Ya'qûbiyya se présente aujourd'hui de la manière suivante : sur les 20 kilomètres qui constituent le tracé de la seguia depuis la prise sur l'oued Lakhdar jusqu'à l'oued Tessaout, l'eau est reconquise par les douars environnants. En arrivant au lit de la Tessaout, on constate la disparition de l'aqueduc colonial dont il ne reste plus que quelques piliers en béton. Plus loin, l'eau du barrage emprunte le bras encore valide de l'ancienne seguia Ya'qûbiyya et se dirige vers El Kelâa, pour irriguer les lots de la réforme agraire et apporter l'eau potable à la ville. L'observateur qui, après avoir longtemps suivi le cours du canal, débouche enfin sur le lit de la rivière Tessaout ne manque pas de se rappeler les paroles prononcées par Hegel au siècle dernier : "Tant de splendeur, tant de belle vitalité, et nous marchons au milieu des ruines !" En effet, on peut déceler dans le paysage les traces d'au moins deux générations hydrauliques : la première, de type almohade, est encore présente sur le terrain avec son ouvrage de franchissement imposant mais discret, presque fondu dans le lit de la rivière ; quant à la seconde, elle est représentée par l'aqueduc colonial qui narguait du haut de ses piliers en béton, et jusqu'à une période récente, l'oued. Enfin, dès que le lit de la Tessaout est franchi, c'est l'eau coûteuse du barrage qui emprunte la section opérationnelle de la seguia Ya'qûbiyya, celle-ci devenant aujourd'hui un grand collecteur de ressources hydrauliques diverses (barrage, *khettara*, pompage).

L'image de tous ces ouvrages hydrauliques en ruine montre à quel point un aménagement frontal – qui peut être cohérent dans sa conception et source de fierté pour beaucoup d'ingénieurs – se révèle difficilement praticable sur le terrain et dispendieux de ressources financières et hydrauliques rares. On se demande alors si un autre aménagement n'était pas possible, s'il n'était pas prudent d'opter pour une formule d'intervention plus souple, plus soucieuse de la personnalité des terroirs, du vécu de leurs populations, et cherchant à intégrer l'héritage de la vieille hydraulique au lieu de prendre le parti de l'exclure.

En posant cette question, motivée par une vision du "ménagement" de l'espace hydraulique, on découvre à quel point le sort de la seguia Ya'qûbiyya fut en fait lié au grand projet de transfert des eaux de l'oued Lakhdar vers la région de Marrakech.

Le projet de transfert des eaux de l'Est : une idée des ingénieurs coloniaux

On a vu que l'idée du transfert des eaux d'une région à une autre n'est pas étrangère à la culture hydraulique du grand Haouz. Les ingénieurs almohades ont réussi à transporter l'eau aussi loin que pouvaient le permettre les conditions financières et technologiques de l'époque médiévale et le génie de leur civilisation.

L'idée du transfert des eaux de l'Est (oued Lakhdar) vers le Haouz central et occidental remonte quant à elle à l'époque coloniale. Si l'on en croit Paul Pascon[1], cette idée se trouve exprimée pour la première fois dans l'article de Martin sur "la question hydraulique dans la région du Haouz", publié dans la *Revue de géographie du Maroc* le 4 avril 1927. En réalité, l'auteur ne parle pas encore explicitement du futur canal de la Rocade, mais recommande à la colonisation de tirer profit à la fois des affluents hydrologiques du bassin du Tensift et du bassin de l'Oum er-Rbia (oued Lakhdar et Tessaout). Ce faisant, il a ouvert les yeux des décideurs de la politique hydraulique coloniale sur la possibilité de tirer profit des eaux de l'Est afin d'accélérer la mise en valeur agricole de la région du Haouz.

Martin appartient au corps des ingénieurs des Ponts et Chaussées, et ses idées nous intéressent parce qu'elles vont servir de prétexte au géographe Jean Brunhes pour attaquer le "lobby" qui fut à l'origine du triomphe de l'option de la grande hydraulique au Maghreb au tournant des années 1920[2]. Rappelons, pour commencer, cette controverse qui dépasse le cadre étroit du Haouz et s'inscrit dans un espace hydraulique plus large (le Maghreb), avant d'exposer plus loin l'évolution des conceptions de l'aménagement hydro-agricole.

1. Paul Pascon, *Le Haouz*, *op. cit.*, vol. II, p. 526.
2. L'option de la grande hydraulique signifie le choix d'un développement basé sur la construction des grands barrages-réservoirs modernes.

La controverse Brunhes-Martin

J.-J. Pérennès situe au tournant des années 1920 le choix des barrages-réservoirs et de la grande hydraulique. Il a montré à quel point cette question partageait les spécialistes et opposait surtout les ingénieurs des Travaux publics, favorables aux grands appareillages, et les géographes, plus sensibles aux implications d'un tel choix sur le milieu naturel et humain[1]. C'est à Jean Brunhes que revient enfin le mérite de sortir le débat des cercles technicistes et de le porter sur la place publique. Cet érudit a réussi, grâce à la pertinence de ses travaux et à leur influence, à retarder pendant deux décennies la relance, en Algérie, de l'action en faveur des grands barrages.

La rencontre entre Brunhes et Martin a eu lieu en 1928, lors du Congrès de l'eau qui s'est tenu en Algérie à l'occasion de la célébration du centenaire de la colonisation de ce pays. A cette occasion, Martin a présenté un rapport sur "la technique de construction des grands barrages" où il considérait que, pour une mise en valeur intégrale des terres disponibles, le vaste problème qui se posait consistait "à empêcher la totalité des eaux de ruissellement d'aller à la mer avant d'avoir servi à l'irrigation[2]". Ce programme n'est pas sans rappeler une formule célèbre et plus ancienne prononcée par Napoléon devant le Nil d'Egypte : "Pas une seule goutte d'eau à la mer."

On comprend, dans ce contexte, que Brunhes, qui a choisi de critiquer le "rêve de l'ingénieur Martin", visait en fait tout un corps d'ingénieurs français dont l'imaginaire fut longtemps hanté par la volonté de réaliser une régularisation intégrale des cours d'eau. Il se demande s'il y a intérêt "à tendre les muscles d'un homme jusqu'à la limite extrême de ses forces". "La nature, dit-il, doit être traitée comme une chose vivante. Ne soyons pas excessifs vis-à-vis d'elle. D'abord, parce qu'il faut être vis-à-vis d'elle – sol ou climat – d'une véritable et sage bonté ; et puis aussi, si cette bonté par hasard vous semblait paradoxale, parce que la nature sait, lorsqu'on lui demande trop, se révolter et prendre sa revanche… Observez-la, ici même, en Algérie et en Espagne ; vous lui imposez une camisole de force sous

1. J.-J. Pérennès, *L'Eau et les Hommes au Maghreb*, éd. Karthala, Paris, 1993, p. 127. (Cet ouvrage reprend, sous une forme abrégée, la thèse de doctorat soutenue à l'université des sciences sociales de Grenoble, en 1990.)
2. Jean Brunhes, "Le problème technique et économique des grands barrages-réservoirs en Algérie", in *Centenaire de l'Algérie. Congrès de la colonisation*, Alger, 1930, p. 11.

la forme d'un barrage-réservoir. «Ah ! vous répond-elle, c'est parfait ; mais je me rendrai maîtresse de votre tyrannie.». Elle envase, ou elle emporte les pauvres maçonneries humaines. [...] Ne renonçons point à tout projet de barrage-réservoir, conclut-il, mais ne mettons pas sans mesure tous nos espoirs en une telle formule périlleuse[1]."

C'est finalement cette "formule périlleuse" qui sera retenue dans les colonies. René Arrus a montré que le choix de la grande hydraulique s'est effectué non seulement sous la pression des ingénieurs, mais aussi sous celle des entreprises métropolitaines de travaux publics et des groupes financiers et bancaires qui les soutiennent. Tout ce "lobby" trouvait dans les chantiers des colonies un vaste marché pour vendre du matériel, et une zone pour expérimenter de nouvelles techniques[2].

Au Maroc, l'option pour la grande hydraulique fut favorisée également par d'autres facteurs : l'apparition de surplus céréaliers sur le marché métropolitain et la recherche de cultures plus rentables ; la nomination du résident général Steeg, plus favorable aux barrages et dont l'ingénieur Martin fut longtemps le disciple ; l'envoi de plusieurs missions en Californie (dont la mission Martin) pour s'inspirer du modèle américain. Tous ces facteurs vont jouer en faveur de l'adoption de l'agrumiculture et du maraîchage de primeurs en tant que cultures susceptibles de valoriser au mieux l'eau des barrages projetés.

Le "mythe californien" fonctionnant à plein, le transfert des eaux de l'Est paraissait aux ingénieurs et aux milieux professionnels du début des années 1930 une entreprise réalisable à moyen terme. Dans un rapport rédigé le 9 décembre 1938, Naissant, ingénieur des Ponts et Chaussées à Marrakech, proposait comme solution à la pénurie d'eau estivale que connaissait la ville "l'attribution d'un débit prélevé sur l'amenée de l'oued Lakhdar quand elle sera réalisée (8 à 10 ans)[3]". Dans cette note, on peut relever que l'amenée n'est pas encore désignée par le nom de "canal de la Rocade", mais que la mise en eau est prévue au plus tard pour l'année 1948.

L'éclatement de la Seconde Guerre mondiale est venu contrarier les prévisions de l'ingénieur. Il a fallu attendre la fin du conflit pour que l'augmentation des ressources hydrauliques devienne à nouveau un objectif prioritaire de la colonisation.

1. *Ibid.*, p. 13.
2. René Arrus, *L'Eau en Algérie*, cité par J.-J. Pérennès, *op. cit.*, p. 154.
3. Archives de l'ORMVAH, dossier Agdâl.

D'où la multiplication des pressions pour engager l'action de l'administration sur l'oued Lakhdar. Le transfert des eaux de l'Est est alors présenté comme pouvant doubler la dotation en eau des terres des colons (de 4 000 à 8 000 mètres cubes par hectare et par an) et tripler le produit brut de l'arboriculture.

Avant même la réalisation des études d'avant-projet du barrage sur l'oued Lakhdar, la mise en chantier de l'ouvrage de transfert appelé "canal de la Rocade" est intervenue en 1949. Les travaux ont commencé par la partie aval et ont permis le terrassement de quelque 80 kilomètres. Mais le détournement des investissements vers le Tadla, la montée des luttes pour l'émancipation nationale et la crise économique et financière du début de l'indépendance sont autant de facteurs qui vont retarder le projet de transfert des eaux de l'Est vers Marrakech.

L'évolution de l'idée du transfert des eaux depuis l'indépendance

Le Maroc a hérité de l'époque précédente un engagement en faveur des barrages-réservoirs, l'orientation du système de production vers les cultures d'exportation (agrumes, maraîchage de primeurs), ainsi que le rôle grandissant des ingénieurs dans les choix technologiques.

La question de l'aménagement du grand Haouz sera reprise immédiatement après l'indépendance (en 1958) dans le cadre de la commission spécialisée appelée "Groupe de l'hydraulique", qui participait à la préparation du plan quinquennal 1960-1964. Cette sorte de "brain-trust" regroupait en majorité des ingénieurs, mais aussi quelques intervenants en sciences humaines et sociales. Les réflexions du groupe vont déboucher sur la riche expérience de l'Office national de l'irrigation (ONI, 1960-1966), qui est à rappeler ici pour qu'on puisse comprendre les choix et les options retenus pour l'aménagement du Haouz[1].

Créé en septembre 1960, l'Office national de l'irrigation a eu pour charge d'administrer les cinq périmètres hérités du protectorat (dont le Haouz). S'ouvre alors une intense période d'études, de projets et d'actions. Le programme d'investigation a touché différents domaines : les potentialités hydrauliques des régions, les cultures industrielles, les méthodes culturales, les réformes de structures, etc.

Ce qui distingue l'ONI d'un bureau d'études ordinaire, c'est sa capacité d'envisager les aménagements hydro-agricoles en

1. M. El Faïz et A. Seddiki, *Essai sur le capitalisme agraire périphérique : cas de l'irrigation au Maroc*, thèse de 3e cycle, Grenoble, 1979.

liaison avec le changement social dans les campagnes. Les aménageurs de l'époque ne s'occupaient pas que de barrages, de tuyauteries et de bornes. Ils cherchaient à promouvoir des projets économes en devises et limitant la dépendance économique et financière (choix de l'irrigation gravitaire), des actions en faveur des couches les plus défavorisées de la population rurale (petits paysans et paysans sans terre) et des réformes destinées à limiter les effets négatifs de la propriété latifundiaire.

Néanmoins, le groupe de réflexion de l'ONI ne constituait pas une structure homogène. On y trouve des ingénieurs marocains, des coopérants techniques, des administrateurs et des techniciens formés à différentes écoles. Cette diversité explique la vivacité du débat engagé entre les partisans du transfert des eaux de l'Est vers le Haouz central et ceux qui se prononçaient en faveur d'un aménagement prioritaire du périmètre de la Tessaout-amont.

Les défenseurs du projet de transfert s'appuyaient sur une constatation assez simple, que permettaient les études des potentialités hydrologiques et pédologiques de la région du grand Haouz : l'existence d'une discordance entre l'Est, caractérisé par des ressources hydrauliques abondantes et des terres médiocres, et l'Ouest, doté de terres de meilleure qualité mais connaissant d'importants déficits hydriques. D'où l'intérêt d'effectuer le transfert vers le Haouz central où les terres pouvaient mieux valoriser l'eau d'irrigation.

A cette justification "naturelle" s'ajoutaient d'autres arguments : la concentration des meilleures fermes dans la région de Marrakech ; l'envasement du barrage Lalla Takerkoust sur le N'Fis (passé de 52 millions de mètres cubes en 1935 à 40 millions de mètres cubes en 1960) ; la surexploitation de la nappe phréatique, dont la profondeur était descendue de 15 mètres en 1945 à 40 mètres en 1960 ; le rôle de Marrakech en tant que pôle de développement régional ; la nécessité, enfin, de rentabiliser l'investissement existant depuis plusieurs années que représentait le canal de la Rocade[1].

Les opposants au projet du transfert avançaient, quant à eux, les arguments suivants : tout d'abord, l'aménagement de l'ensemble

1. Paul Pascon et M. Ducrocq, "La mise en valeur du périmètre de la Tessaout", in *Homme, terres et eaux*, 1973, p. 24-25. L'étude de faisabilité du canal de la Rocade sera effectuée en 1976 et aboutira à la réalisation de cet ouvrage en 1985-1986.

du grand Haouz supposait la réalisation d'études préalables qui pouvaient demander beaucoup de temps. Par conséquent, les aménageurs devaient restreindre leur ambition à un projet plus modeste, visant l'équipement du périmètre de la Tessaout-amont. De plus, l'oued Lakhdar contribuait déjà à l'irrigation traditionnelle de quelque 50 000 hectares dans la plaine des Sraghna. Sa régularisation nécessitait non seulement d'imaginer des mécanismes de compensation pour les ayants droit, mais aussi la réalisation d'un plan d'aménagement à l'échelle du bassin de l'Oum er-Rbia. Enfin, le transfert de l'eau sur une centaine de kilomètres risquait de susciter des conflits avec les communautés rurales limitrophes, constituées d'irrigants traditionnels se trouvant la plupart du temps dans une conjoncture de pénurie d'eau.

Au-delà de l'opposition entre techniciens, on peut déceler des divergences d'intérêts. Paul Pascon voit dans les partisans du transfert les porte-parole des propriétaires fonciers établis dans la banlieue de Marrakech[1]. Mais rien ne nous empêche de considérer les opposants au transfert comme les représentants de la fraction des ingénieurs la plus ouverte au changement social et la plus favorable aux intérêts des couches les plus pauvres de la paysannerie. En fait, les intérêts locaux (colons en voie d'expropriation, grands propriétaires marocains expropriés) ne semblent pas avoir joué un rôle important dans le choix des options d'aménagement. "C'est un moment historique en fait, écrit Paul Pascon, où les puissants intérêts fonciers du centre du Haouz se taisent et se terrent, la parole semblant aux seuls techniciens et financiers qui raisonnent sur l'aménagement régional au niveau national[2]."

Il a fallu l'arbitrage du chef de l'Etat en visite à Marrakech, en janvier 1962, pour décider à la fois de la priorité à l'équipement de la Tessaout-amont et de la poursuite des études relatives au transfert des eaux de l'Est vers le Haouz. "Il était donc dit, ajoute Paul Pascon, que le premier barrage du Maroc indépendant dans la région du Haouz serait au profit de la petite et moyenne paysannerie. La plupart des terres sont de statut collectif et le *melk* (privé) marocain ne comporte que quelques propriétés de plus de 50 hectares[3]."

1. *Ibid.*, p. 25.
2. *Ibid.*
3. *Ibid.*

Le projet de transfert a été à nouveau reporté, non pas pour des raisons financières, mais parce que les justifications de l'ère coloniale n'étaient plus valables. La dissolution de l'ONI et son remplacement par des offices régionaux de Mise en valeur agricole (ORMVA) ont sinon écarté, du moins mis en veilleuse la fraction des ingénieurs et des professionnels des sciences humaines et sociales la plus ouverte à une optique de "ménagement" du territoire agricole. La voie est désormais ouverte pour le triomphe de la tentation purement technocratique.

Pour suivre l'évolution de l'idée d'aménagement hydro-agricole du Haouz, il nous faut maintenant nous tourner vers la masse de documents produits par les bureaux d'études et les consultants étrangers.

On a vu, que ce soit lors de la discussion du transfert des eaux ou lors du choix des options en matière hydraulique, que le débat entre les sciences humaines et les sciences de l'ingénieur a toujours été présent. La fin des années 1970 constitue un tournant, marqué par l'interruption de ce débat qui n'avait pas toujours été facile ni serein. Les grandes orientations en matière d'aménagement hydro-agricole sont désormais du ressort exclusif des bureaux d'études et de l'administration du ministère de l'Agriculture et des offices régionaux de Mise en valeur agricole (ORMVA). Certes, la veine critique n'est pas totalement épuisée. Mais elle n'est plus que l'expression de milieux universitaires et académiques qui n'ont pas d'influence sur les décisions des nouveaux aménageurs.

Le développement de l'idée d'aménagement du grand Haouz peut être saisi à travers l'analyse du Plan directeur d'aménagement du Haouz central et de la Tessaout-aval, élaboré par le bureau d'études hollandais GRONTMIJ en 1976. Avant d'analyser les aspects techniques, économiques et financiers de ce projet, on peut tout d'abord remarquer que les idées développées dans le Plan directeur mettront encore beaucoup de temps avant de se réaliser. Il a fallu le déclenchement d'un cycle de sécheresses continu, l'élaboration d'un programme d'actualisation des équipements et du financement (en 1984), enfin, l'intéressement des organismes financiers internationaux au projet pour que les aménagements hydro-agricoles du grand Haouz soient réalisés. Certes, toutes les options retenues au départ n'ont pas été respectées. Mais, avec le recul, on peut considérer comme normal qu'un schéma d'aménagement élaboré il y a vingt-cinq ans par des ingénieurs, en dehors de toute concertation paysanne, ait dû sacrifier quelques objectifs justifiés par le calcul économique pour s'adapter au repli de la conjoncture économique et aux difficultés de terrain.

Le vaste programme d'équipement hydro-agricole du grand Haouz est aujourd'hui quasiment achevé. Il reste à se demander comment et à quel prix. A-t-on travaillé suffisamment, comme nous y invitait Jean Brunhes depuis près d'un siècle, la fondamentale liaison entre l'"oeuvre technique" et l'organisation socio-économique" ?

III. LE BILAN CONTROVERSÉ DE LA POLITIQUE DES BARRAGES

Quiconque observe, sur la longue durée, l'évolution agricole dans le Haouz de Marrakech ne manque pas de remarquer l'accélération du processus de transformation des campagnes depuis la seconde moitié des années 1980. Cette transformation, due essentiellement à la greffe du modèle de la grande hydraulique, a bien changé le paysage de la plaine du Haouz, aujourd'hui saignée sur toute sa longueur par le canal de la Rocade (120 kilomètres) et par un autre canal, dit T2 (Tessaout-Tadla, 93 kilomètres), qui se trouve à l'extrême est. L'effort d'équipement est encore perceptible dans la réalisation d'importants ouvrages de mobilisation de l'eau (barrages Sidi Driss et Hassan Ier) qui complètent ainsi le dispositif d'une infrastructure coûteuse, faisant appel à une technologie des plus sophistiquées.

Une première évaluation de l'aménagement hydro-agricole du Haouz a été réalisée il y a juste quelques années (en 1995) par des experts travaillant pour le compte de la Commission européenne, qui intervient en tant que bailleur de fonds. Cette évaluation a touché différents aspects de l'aménagement : objectifs globaux, volets financiers, indicateurs de performance, mise en œuvre des projets, etc. Elle se distingue aussi par l'intégration des facteurs de viabilité (protection de l'environnement, rôle de la femme rurale, état des institutions...), qui ne sont généralement pas pris en considération dans les approches classiques des bureaux d'études[1].

Cependant, manque à cette évaluation la dimension historique indispensable à la compréhension du problème de l'aménagement

1. NEDECO et SCET-Maroc, *Evaluation des aménagements hydro-agricoles du Haouz central et de la Tessaout-aval*, octobre 1995.

dans un territoire irrigué depuis plus de huit siècles. De plus, le recul ne semble pas suffisant par rapport aux milieux techniques, ceux-là mêmes qui furent mêlés à la conception et à la réalisation du projet d'aménagement régional.

Dans ces conditions, il est toujours intéressant de pouvoir changer de perspective et de faire appel à cette "pédagogie du regard croisé" dont parle Michel Marié, afin de jeter un éclairage nouveau sur le projet d'aménagement hydro-agricole du Haouz. Il s'agit de ne pas s'arrêter aux bilans techniques et économiques, mais d'aller au-delà pour saisir la logique d'un modèle, celui de la grande hydraulique, qui se veut universel et fonctionnant partout de la même manière. Des rives de l'Euphrate aux limites du Souss marocain, on baigne dans une culture de l'eau identique, caractérisée surtout par les progrès technologiques réalisés dans le Midi de la France.

Dès lors, la situation dans le Haouz ne paraît plus exceptionnelle. Et pour mieux la comprendre, nous avons privilégié, depuis quelques années, la longue durée et les perspectives du temps des civilisations. Le choix de cette échelle, fructueux, a permis de montrer que l'idée du transfert des ressources hydrauliques d'une région à une autre n'est pas étrangère à l'histoire du Haouz de Marrakech[1] (cf., p. 113, "L'eau dans le Haouz : une histoire de longue durée"). Quant au projet de mobilisation des eaux de l'Est, il remonte, dans sa formulation moderne, à l'époque coloniale[2] (cf., p. 124, "Le projet hydraulique colonial et les héritages de la société locale"). Les événements de l'indépendance du Maroc (1956) ont retardé la réalisation du canal de la Rocade, qui aurait été effective bien avant la construction du canal de Provence. L'histoire en a décidé autrement et nous montre, en tout cas, combien les échanges entre l'hydraulique marocaine et l'hydraulique de la France méridionale sont anciens et ont été continus.

Le bilan que je me propose de faire ici s'inscrit dans une démarche globale de questionnement et de compréhension. Il part des idées des aménageurs, souligne l'importance des contraintes du financement, s'attarde sur la signification et la portée

1. M. El Faïz, "Pour une histoire de longue durée des aménagements hydro-agricoles dans le Haouz", *loc. cit.*

2. M. El Faïz, "Les aménagements hydro-agricoles dans le grand Haouz de Marrakech : histoire d'une idée", in *Cultures, usages et stratégies de l'eau en Méditerranée occidentale*, sous la direction de Michel Marié *et alii*, éd. L'Harmattan, Paris, 1999.

des aménagements et montre combien, face à l'incertitude des bilans de la politique des barrages, la situation d'aujourd'hui est conditionnée par la rigueur des ajustements.

Les orientations du plan d'aménagement hydro-agricole du Haouz

La grande hydraulique dans le Haouz de Marrakech apparaît comme une œuvre d'ingénieurs, marquée essentiellement par des orientations et des choix technocratiques. Il nous faut donc remonter le processus décisionnel afin de comprendre la lente élaboration des options d'un aménagement conçu à l'échelle régionale.

La situation ici n'est pas exceptionnelle. Elle reproduit un schéma que nous retrouvons à l'œuvre dans d'autres régions du Maroc, où l'intervention est caractérisée par la pluralité des acteurs et des concepteurs. Le pouvoir de décision lui-même semble, à première vue, partagé entre le bureau d'études qui conçoit les options de l'aménagement dans le cadre d'un cahier des charges préalable, l'administration centrale et régionale de l'Agriculture (notamment la direction de l'Equipement rural du ministère de l'Agriculture, la direction de l'ORMVAH, office régional de Mise en valeur agricole du Haouz...) qui discute et contrôle la faisabilité des options et la direction de l'Hydraulique (ministère des Travaux publics) dont relèvent l'étude et la construction des barrages.

Pour suivre le cheminement des idées concernant l'aménagement du Haouz, un examen de la documentation élaborée par les bureaux d'études est nécessaire. Il doit cependant être complété par la lecture des rapports annuels et des procès-verbaux du conseil d'administration de l'ORMVAH, afin de situer plus exactement le niveau de la décision. Envisagée sur une vingtaine d'années, cette production représente des milliers de pages, une documentation lourde, souvent répétitive, mais d'un intérêt considérable pour celui qui veut reconstituer le passé récent de l'hydraulique “haouzienne”.

Le Plan directeur d'aménagement du Haouz central et de la Tessaout-aval fut élaboré en 1976 par le bureau d'études hollandais GRONTMIJ. Il se compose d'un rapport de synthèse, de cinq gros dossiers techniques et d'un volume d'annexes, le tout constituant une masse importante d'études à caractère technique, économique et financier. L'importance de ce document vient du fait qu'il reste aujourd'hui encore la référence de tous les aménageurs et offre au chercheur la possibilité d'éclairer un premier niveau de décision en matière d'aménagement hydro-agricole. Il a, en outre, l'avantage d'envisager l'équipement hydraulique dans le long terme (avec un horizon de vingt ans) et de proposer des options d'aménagement qui ont fait l'objet d'une concertation étroite avec les responsables placés à différents échelons de l'administration de l'agriculture et de l'hydraulique.

Le schéma conçoit l'aménagement à l'échelle de deux bassins hydrographiques : celui du Tensift et celui de l'Oum er-Rbia. L'idée de "compensation" formulée dès le début des années 1950 par les ingénieurs de la colonisation (notamment Bauzil et Picard)[1] a été reprise par l'équipe de GRONTMIJ. Les rédacteurs affirment même que l'année de la mise en eau du canal de la Rocade (ouvrage de transfert) doit absolument coïncider avec l'entrée en fonction du canal G (ouvrage de compensation) pour ne pas léser les irrigants de la plaine des Sraghna[2].

En avril 1976, une autre décision importante fut également prise : l'alimentation de la ville de Marrakech à partir du canal de la Rocade (40 millions de mètres cubes), alors qu'une solution précédente envisageait la réalisation d'une conduite prise sur un barrage plus proche, Aït Adel (Moulay Youssef).

Sur les 35 secteurs hydrauliques retenus et les 117 410 hectares à irriguer, les responsables ont opté, sans hésitation, pour la formule de l'irrigation par aspersion. Plusieurs stations de pompage ont été programmées pour satisfaire cette exigence et la réaliser sur la majeure partie des espaces à aménager. Ces derniers furent classés en fonction de critères économiques : c'est ainsi que le secteur R1 dans la zone du R'Dat, qui a la valeur nette actuelle (VNA) la plus élevée (34,34 dirhams par mètre cube), devait connaître un aménagement prioritaire par rapport à d'autres secteurs (N2 par exemple, qui se trouve dans le N'Fis, avec une VNA de 7,98 dirhams par mètre cube)[3]. Pour rentabiliser l'eau d'irrigation, les cultures de la betterave à sucre (sur 7 200 hectares) et du coton furent encouragées. L'administration a incité le bureau d'études à privilégier la variante de

1. *L'Equipement hydraulique du Maroc*, préface de Girard, direction des Travaux publics, Rabat, 1954.

2. GRONTMIJ, *Etude de l'aménagement et de la mise en valeur du Haouz central et de la Tessaout-aval, Plan directeur*, vol. VII, rapport de synthèse, Pays-Bas, décembre 1976, p. 22.

3. *Ibid.*, p. 77. Le calcul de la valeur nette actuelle permet de distinguer les zones qui rentabilisent au mieux le mètre cube d'eau utilisé.

l'aménagement qui garantissait l'eau au plus grand nombre de bénéficiaires dans la Tessaout-aval[1]. Enfin, en ce qui concerne le choix du système de régulation des canaux projetés, les rédacteurs du plan recommandaient à la direction de l'Equipement d'étudier "les possibilités d'application au Maroc du système de régulation dynamique par télétransmission".

Un examen des aspects techniques montre que les risques d'envasement furent prévus, mais largement sous-estimés : "Il faut donc, est-il précisé, compter sur une certaine turbidité de l'eau d'irrigation qui peut poser un problème d'envasement au niveau de la tête morte du canal de la Rocade." Les ingénieurs hydrauliciens pensaient résoudre ce problème extrêmement grave en optant pour la construction d'un barrage de type "poids à masques", avec un système de chasse utilisé en période de crue afin d'évacuer les dépôts[2].

Avant de poursuivre l'exposé des idées des aménageurs, quelques remarques paraissent nécessaires. La première concerne le choix du mode d'irrigation par aspersion. Ce choix étonne aujourd'hui, car il intervient dans une région de plaine connue historiquement pour la performance de son système gravitaire, et ne montre aucun souci d'économiser des devises rares, ni aucune considération pour les coûts supplémentaires en énergie occasionnés par l'édification des installations de pompage. En plein choc pétrolier et au milieu d'une crise énergétique grave, le Plan directeur optait pour la multiplication des unités de pompage, comme si le Maroc était un pays exportateur de pétrole ! La seconde remarque se rapporte à la question de l'envasement. On ne comprend pas comment un bureau d'études de réputation internationale et les responsables de l'hydraulique marocaine ont négligé l'étude de l'aménagement antiérosif des bassins versants. Ont-ils sous-estimé les paramètres de la turbidité ? Ou, au contraire, ont-ils voulu faire l'économie d'un investissement coûteux ? En tout cas, ce problème surgira trois ou quatre années seulement après la mise en eau des barrages et des ouvrages de transport – nous y reviendrons ultérieurement pour une analyse plus détaillée.

On peut ajouter qu'une enquête sur les préférences culturales des paysans concernés par l'aménagement aurait pu éviter de programmer des cultures non souhaitées et qui, en outre,

1. *Ibid.*, p. 46.
2. GRONTMIJ, *Etude de factibilité de la première tranche d'irrigation du Haouz central*, rapport final, 1976, p. 18.

avaient de faibles chances de succès agronomique dans la région du Haouz. Dans ce cas, la volonté de réaliser les objectifs du plan sucrier national semble l'avoir emporté sur une analyse scientifique de l'implantation de nouvelles cultures industrielles comme la betterave à sucre et le coton. Pour terminer, rappelons que la priorité donnée à la régularisation de l'oued Lakhdar ne fut pas la solution la moins coûteuse, les calculs des experts ayant montré que la construction d'un barrage sur le R'Dat offrait le coût de mobilisation le plus faible[1].

La conjoncture économique du Maroc durant la décennie 1970-1980 a été bien analysée en son temps par Habib El Malki[2]. Le choc pétrolier de 1974 a eu pour effet le renchérissement des prix des biens d'équipement et des matières premières importées. La rente phosphatière a autorisé au début une vision optimiste, entraînant la révision à la hausse des objectifs du plan 1973-1977. Mais la crise n'a pas tardé à s'installer, aggravant la détérioration de la balance des biens et des services et l'endettement extérieur du pays. En 1983, l'économie marocaine a été soumise au programme d'ajustement élaboré par les organismes financiers internationaux (Banque mondiale, FMI).

Cette conjoncture économique défavorable explique que l'exécution des objectifs du schéma d'aménagement du Haouz central et de la Tessaout-aval ait été plusieurs fois reportée. D'ailleurs, ces objectifs ont connu des révisions coûteuses et leur réalisation fut soumise en grande partie à la disponibilité des sources de financement.

Le projet d'actualisation des programmes d'équipement et de financement de la première tranche d'irrigation du Haouz central, publié en novembre 1984, reconnaît toutes ces difficultés, ainsi que les retombées négatives du cycle de sécheresses qui s'est déclenché dans la région à partir de 1979. Il se veut "une adaptation aux nouvelles données du terrain et aux contraintes financières actuelles[3]". On y insiste sur la nécessité de s'affranchir des pompages prévus, sur le caractère prioritaire de la restitution intégrale des droits d'eau de la Tessaout-aval et sur l'alimentation de Marrakech en eau potable. La construction du prolongement du canal G est abandonnée au profit d'un canal

1. GRONTMIJ, *Plan directeur*, vol. VII, rapport de synthèse, *op. cit.*, p. 22.
2. Habib El Malki, *L'Economie marocaine : bilan d'une décennie, 1970-1980*, Presses du CNRS, Paris, 1982.
3. *Projet d'aménagement hydro-agricole du Haouz central. Actualisation des programmes d'équipement et de financement*, ORMVAH, novembre 1984, p. 6.

plus important, dit T2, qui est considéré comme l'ouvrage-clef du programme de 1984. Un autre changement est introduit : la priorité à l'équipement de la zone du N'Fis au détriment des secteurs du R'Dat (R1) et du Zat (Z1) – la sauvegarde du potentiel arboricole de la région était la principale justification avancée. Enfin, la superficie prévue initialement pour la betterave à sucre est affectée aux cultures fourragères et maraîchères[1].

Le rapport d'actualisation reflète en fait les décisions prises par le conseil d'administration de l'ORMVAH, présidé par le ministre de l'Agriculture, qui s'était tenu quelques mois plus tôt (juillet 1984). Le conseil avait retenu la priorité à l'aménagement du N'Fis et recommandé la révision des assolements prévus en éliminant les cultures de la betterave et du coton, jugées non rentables dans la région. On préconisait, enfin, l'adoption d'un mode d'irrigation autre que l'aspersion, coûteuse en énergie et difficile à pratiquer en terrain complanté[2]. Bien que des études aient montré depuis longtemps que le choix de l'aspersion entraîne une sortie de devises estimée à 3 000 dirhams par hectare et que la topographie régulière du Haouz – je dirais même sa culture et son histoire – sont favorables à l'irrigation gravitaire, il s'est trouvé parmi les ingénieurs des avocats pour défendre jusqu'au bout le système de l'aspersion. Il semble que, dans ces discussions de choix techniques, la préférence de la direction de l'Equipement rural a plus pesé sur la décision finale que les considérations de rentabilité économique ou d'efficacité.

Après ces changements, on peut se demander ce qu'il reste des options du schéma d'aménagement initial et des calculs de rentabilité qui les ont justifiées.

On sait que ce sont les bailleurs de fonds qui ont exigé, à partir des années 1960, que les projets soumis à financement fassent préalablement l'objet d'études de rentabilité. D'ailleurs, ce sont ces exigences qui expliquent l'intervention des bureaux d'études étrangers dans la préparation des projets d'aménagement, que ce soit pour le compte des gouvernements ou des sociétés nationales d'aménagement régional[3]. Rappelons les critiques qui sont formulées à l'encontre de la méthode d'évaluation par

1. *Ibid.*

2. *Rapport du conseil d'administration*, 1984, p. 2-3.

3. Gérard et Françoise Conac, "Le processus de décision politique dans les Etats d'Afrique : exemple des politiques de l'eau", in *Les Politiques de l'eau en Afrique : développement agricole et participation paysanne*, éd. Economica, Paris, 1985.

les prix adoptée par les bureaux d'études : hypothèses grossières sur les prix de référence, optimisme excessif quant à l'accroissement de la production, sous-estimation des perturbations du contexte international, etc. Les hypothèses adoptées paraissent tellement irréalistes qu'on se demande si les calculs ne constituent pas plutôt un "habillage de forme" destiné à sauver les apparences et si le choix des projets n'est pas déterminé par d'autres facteurs que la rentabilité économique.

Ces remarques, puisées dans l'expérience hydraulique d'un grand nombre de pays du Tiers-Monde, se vérifient aussi dans le contexte marocain. La décision de réaliser les aménagements du Souss-Massa, par exemple, ne fut basée sur aucune étude de viabilité économique. "En fait, écrit J.-J. Pérennès, avant même que le bureau d'études hollandais GRONTMIJ puis la compagnie du Bas-Rhône Languedoc n'aient remis leurs conclusions, la décision vint d'en haut, du ministère de l'Agriculture... On allait se lancer dans la réalisation d'un grand périmètre de 18 000 hectares irrigués par une technologie des plus modernes, l'aspersion[1]."

D'ailleurs, les rédacteurs du plan d'aménagement du Haouz eux-mêmes, après avoir confronté l'option d'un aménagement de l'amont vers l'aval et celle qui donne la priorité au secteur du N'Fis, concluent que "l'ordre de réalisation des aménagements des secteurs pourra être choisi sur la base de critères non économiques[2]". La porte est ainsi ouverte à toutes les options, ce qui confirme jusqu'à un certain point la position de ceux qui considèrent que le choix des projets obéit essentiellement à des impératifs politiques.

Le financement des barrages : une contrainte majeure

L'idée de l'aménagement du Haouz, comme on l'a montré plus haut (cf., p. 113, "L'eau dans le Haouz : une histoire de longue durée"), est une idée ancienne. Dès 1927, Martin envisage le transfert des eaux de l'Est pour résoudre les problèmes de la colonisation dans le N'Fis, mais sans penser à la compensation des irrigants des vallées de l'oued Lakhdar et de la Tessaout.

1. J.-J. Pérennès, *L'Eau et les Hommes au Maghreb*, thèse de doctorat, université des sciences sociales, Grenoble, 1990, vol. II, p. 508 ; cf. également Paul Pascon, *Etudes rurales*, éd. SMER, Rabat, 1980, p. 33-34.
2. GRONTMIJ, *Plan directeur*, *op. cit.*, p. 78.

Cette lacune est comblée par Bauzil qui, pour apaiser l'inquiétude des riverains, évoque la création d'un vaste périmètre d'irrigation dans les Sraghna (26 400 hectares), alimenté par le canal T2 et la dérivation des eaux de l'oued El Abid[1]. Le programme d'aménagement devait se réaliser vers la fin des années 1960 grâce à un investissement de l'ordre de 5 milliards de francs de l'époque du protectorat. Le problème qui se posait à l'époque était essentiellement d'ordre financier. Le Plan directeur, élaboré en 1976 pendant la période d'euphorie due à la hausse du prix des phosphates, va se heurter à son tour aux contraintes du financement.

En effet, la grande hydraulique, par les ouvrages de mobilisation et de transport de l'eau qu'elle nécessite, ainsi que par le coût de l'aménagement des périmètres d'irrigation, représente un investissement lourd qui dépasse généralement les capacités de financement d'un pays. D'où le recours à un endettement extérieur et, le plus souvent, à une aide technique étrangère.

Le Maroc a fait appel, dès l'élaboration du plan triennal 1965-1967, aux institutions financières internationales – surtout à la Banque mondiale – pour financer la politique des barrages[2]. A cette époque, l'octroi des crédits était plus facile et on pouvait mettre en concurrence plusieurs sources de financement. Mais, après la crise de la fin des années 1970, le renchérissement des crédits a donné aux bailleurs de fonds un poids très important. "Il est bien certain, écrivent Gérard et Françoise Conac, que, conscients de leur puissance, les organismes prêteurs ont tendance à substituer leurs appréciations à celle des gouvernements et à leur imposer leur politique, non seulement dans le domaine précis où leur aide intervient, mais encore dans la sphère économique et monétaire, par un assainissement financier impliquant une restriction des dépenses publiques, jugée indispensable comme préalable à l'octroi de crédits[3]."

C'est dans cette conjoncture difficile que les conventions de financement des projets hydro-agricoles du Haouz ont été préparées. On ne sait pas comment le démarchage et les négociations se sont effectués. Cependant, grâce probablement aux liens d'amitié que le Maroc entretient avec les pays arabes

1. *L'Equipement hydraulique, op. cit.*, p. 71.

2. M. El Faïz et A. Seddiki, *Essai sur le capitalisme agraire périphérique : cas de l'irrigation au Maroc, op. cit.*

3. G. et F. Conac, "Le processus de décision politique dans les Etats d'Afrique : exemple des politiques de l'eau", *loc. cit.*, p. 25.

exportateurs de pétrole, la situation s'est débloquée. On a alors assisté à la mise en place d'une expérience assez originale dans le Haouz, marquée par la contribution des institutions financières arabes à l'édification des grands appareillages hydrauliques. Cet exemple de coopération est intéressant à noter, car il va déterminer le devenir agricole de toute une région. La Banque mondiale n'a pas voulu, quant à elle, courir ce risque de financement, préférant mettre l'accent sur les Programmes d'amélioration de la grande irrigation (PAGI).

Les aménagements hydro-agricoles dans le grand Haouz ont nécessité l'injection d'un volume d'investissement important, dépassant le milliard de dollars (soit quelque 8,2 milliards de dirhams au taux de change de 1995). Ce montant n'inclut que les réalisations récentes, et non les coûts du barrage Moulay Youssef et des aménagements de la Tessaout-amont, qui datent de 1970. La construction des barrages et des installations de traitement de l'eau et de production de l'énergie électrique a absorbé une grande partie de ces moyens financiers[1]. Pour avoir une idée exacte de l'origine des sources de financement, on ne retiendra que le coût de réalisation des périmètres irrigués et des canaux qui les alimentent.

Les données recueillies reflètent les orientations générales en matière de financement de la grande hydraulique. L'endettement extérieur représente plus des deux tiers de la masse des investissements. Une part appréciable des emprunts (près de la moitié) provient des institutions financières arabes spécialisées (Fonds saoudien de développement, Fonds koweïtien de développement, Fonds arabe de développement économique et social...). Le reste (moins du quart) est financé par la Communauté économique européenne. L'Etat marocain intervient, quant à lui, pour le quart environ dans le financement global.

Eu égard à ces difficultés de démarrage, les rédacteurs du rapport d'évaluation des aménagements du Haouz, rédigé au profit de la Commission européenne, considèrent qu'une solution d'attente aurait été préférable : “Cependant, écrivent-ils, purement du point de vue de l'économie nationale et sans être au courant de tous les enjeux du moment, il semble qu'il aurait été plus prudent et avantageux d'attendre pour entamer un tel développement régional que les ressources nécessaires soient accordées, au lieu de démarrer quand même à un rythme d'investissement beaucoup plus faible et incertain, puisque les

1. NEDECO et SCET-Maroc, *Evaluation*, *op. cit.*, p. 7.

investissements augmentent dans le temps sans qu'ils se rentabilisent au niveau des bénéficiaires attendus à l'origine[1]."

On semble ici ignorer les mécanismes du financement extérieur ou du moins sous-estimer leurs contraintes pour les pays du Tiers-Monde. En fait, les bailleurs de fonds hésitent généralement – pour des raisons liées à la gestion du risque – à financer la totalité des investissements. La méthode conseillée au pays demandeur consiste à faire éclater le programme d'équipement en lots plus faciles à réaliser. Dans le cas du Haouz, on compte une dizaine de partenaires dans les opérations de financement (Etat, Banque européenne d'investissement, organismes arabes de crédit...). Cette pluralité peut apparemment être une bonne chose dans la mesure où l'on arrive à mettre en concurrence les diverses institutions et à en tirer avantage. Cependant, la plupart du temps, le manque de coordination, les avis partagés des experts, les oppositions d'intérêts, de stratégies et de visions ainsi que les différences d'attitudes et de mécanismes de gestion administrative compliquent la faisabilité des projets hydro-agricoles. Dans une situation marquée par les rigueurs de l'ajustement, l'attentisme aurait reporté aux calendes grecques la réalisation des options du Plan directeur. Un jeu de coopération et la mise en place de mécanismes efficaces de coordination auraient suffi, dans ce cas, pour réduire les décalages et limiter les surcoûts.

Signification et portée d'un aménagement régional

Un rapide aperçu des réalisations de la grande hydraulique dans le Haouz depuis 1912 permet de se rendre compte de l'ampleur du transfert technologique réalisé il y a une quinzaine d'années. Il s'agit du plus grand chantier de travaux publics que la région sud ait connu, et qui n'a pas encore été évalué en fonction de ses retombées socioéconomiques et écologiques.

Durant tout le protectorat, la colonisation n'a réalisé dans le Haouz qu'un seul barrage (Cavagnac) d'une capacité assez modeste (52 millions de mètres cubes). Il a fallu attendre trente-cinq ans avant que la région ne connaisse son premier grand ouvrage de régularisation de l'après-indépendance (barrage Moulay Youssef). A partir du début des années 1980, la grande hydraulique est entrée en scène, modifiant les réalités

1. NEDECO et SCET-Maroc, *Evaluation, op. cit.*, p. 11.

physico-naturelles et le paysage de toute une région. Peut-on évaluer l'impact de tous ces investissements sur l'économie du Haouz ?

Un premier niveau d'évaluation consisterait à envisager l'aménagement hydro-agricole en prenant en considération la part des devises étrangères que nécessite chaque opération[1]. En effet, si certains choix technologiques (régulation dynamique, matériel agricole...) sont consommateurs de devises, d'autres activités, plus faciles à effectuer pour les entreprises locales de travaux publics, ont en principe des retombées positives à la fois sur l'emploi et sur l'animation des circuits économiques de la région (aménagement du sol, construction de routes et de pistes...). Bien qu'une comptabilité précise de toutes ces opérations soit utile, on se limitera ici à une évaluation globale.

On a vu comment les bureaux d'études étrangers interviennent au niveau de la conception générale des aménagements hydro-agricoles. La réalisation des barrages et de l'infrastructure hydraulique constitue un enjeu commercial important et reste, de ce fait, le domaine privilégié de quelques firmes multinationales spécialisées dans les BTP (bâtiment et travaux publics). Citons, à titre d'exemple, Campenon-Bernard, Chaufour-Dumez et Fougerolle, qui font partie des entreprises françaises les plus réputées en matière de construction de barrages et qui interviennent depuis longtemps au Maghreb.

On retrouve dans le Haouz de Marrakech les mêmes grandes entreprises françaises ou leurs filiales, agissant seules ou en collaboration avec d'autres firmes européennes. Certes, la taille des projets hydro-agricoles et leur complexité justifient en quelque sorte le recours à des sociétés compétentes et expérimentées. Mais, comme l'a montré J.-J. Pérennès, la notoriété n'est pas le seul critère en jeu. Le financement joue aussi un rôle de plus en plus déterminant. Souvent, le choix de telle ou telle société tient à sa capacité d'apporter un financement par le biais des institutions financières de son pays d'origine[2].

Si l'on prend en compte toutes ces interventions – l'achat de matériel, les frais de consultation, le coût des importations du savoir-faire –, on comprend pourquoi la grande hydraulique représente un enjeu commercial des plus importants. La facture du transfert de technologie risque d'être lourde si le pays n'arrive pas à valoriser son potentiel national de recherche et

1. *Projet d'aménagement*, *op. cit.*, Annexe, p. 2.
2. J.-J. Pérennès, *L'Eau et les Hommes*, thèse citée, vol. I, p. 378.

d'études et à développer ses capacités internes d'ingénierie hydraulique et de maîtrise des métiers de l'eau.

Il est intéressant, à cet égard, de noter la contribution des sociétés d'aménagement régional (SAR) du Midi de la France. L'expérience marocaine dans le domaine de l'équipement et de la mise en valeur hydro-agricole est marquée, dans son ensemble, par le transfert du savoir-faire de ce qu'on a appelé "l'école française de l'eau", et plus précisément par l'action de deux grandes sociétés d'aménagement, la Compagnie nationale d'aménagement de la région du Bas-Rhône Languedoc (CNARBRL)[1] et la Société du canal de Provence (SCP)[2]. Le bilan de cette coopération n'a pas encore été fait. Il faudra un jour l'établir, ne serait-ce que pour comprendre la nature des échanges entre les hydrauliciens des deux rives de la Méditerranée et organiser au mieux les circuits du transfert technologique. Tout le problème consiste à savoir si ces sociétés ont œuvré dans le sens du "raccourci technologique", qui est le but présumé de toute action de transfert des techniques, ou bien s'il s'agit plutôt de la volonté d'exporter un modèle clefs en main. Dans ce cas, la région du Haouz serait une zone de plus dans le vaste territoire du "mimétisme technologique[3]".

Entre l'incertitude des bilans et les rigueurs de l'ajustement

L'environnement et le social ont constitué les parents pauvres de la réflexion des aménageurs. Ce n'est pas un hasard si, aujourd'hui, ce sont ces aspects qui retiennent l'attention et constituent les facteurs les plus importants du blocage de l'ambitieux programme d'aménagement hydro-agricole de la région du Haouz.

1. Cf. Marie-Françoise Souchon, *La Compagnie nationale d'aménagement de la région du Bas-Rhône Languedoc*, éd. Cujas, Paris, 1968 ; Philippe Lamour, *Le Cadran solaire*, éd. R. Laffont, Paris, 1980.
2. Cf. les travaux de Michel Marié, "Pour une anthropologie des grands ouvrages, le canal de Provence", in *Les Annales de la recherche urbaine*, XXI, 1984 ; "Territoires hydrauliques : la Société du canal de Provence dix ans après", LATTS, Editions de l'ENPC, Paris, 1993.
3. Denis-Clair Lambert, *Le Mimétisme technologique des tiers-mondes*, éd. Economica, Paris, 1983. Le raccourci technologique s'opère lorsqu'une technique importée est maîtrisée et permet au pays moins avancé de combler le retard qui le sépare des pays industrialisés.

La question de l'envasement des barrages

L'envasement du barrage de compensation et du canal de la Rocade est, en quelque sorte, ce petit grain de sable qu'on a voulu ignorer et qui menace, aujourd'hui, de détraquer la machinerie coûteuse et complexe de la grande hydraulique.

On a vu à quel point le Plan directeur de 1976 sous-estimait le phénomène de l'envasement. Les rédacteurs des volumineux dossiers techniques et économiques qui furent élaborés par la suite se gardaient tout simplement de soulever, à nouveau, cette question. Il a fallu attendre la réalisation du canal de la Rocade pour s'apercevoir de l'ampleur des dégâts et de l'impuissance des solutions techniques envisagées vingt ans auparavant.

La retenue du barrage de compensation Sidi Driss, d'un volume initial de 7 millions de mètres cubes, s'est retrouvée presque complètement envasée à la suite d'une crue exceptionnelle, et ce, quatre ans seulement après sa mise en eau. En 1989, son volume n'était plus que de 1,5 million de mètres cubes pour un ouvrage dont la durée de vie était estimée à trente-cinq ans ! L'opération de dévasement engagée en 1991-1992 a coûté 20 millions de dirhams et a réussi à ramener le volume initial à 3,6 millions de mètres cubes. Les experts de la Commission européenne ont évalué à 3,47 millions de dirhams le coût moyen annuel du dévasement, avec des maximas qui peuvent atteindre 10 à 12 millions de dirhams[1].

La sédimentation a eu pour conséquence immédiate de détériorer le matériel d'aspersion et de micro-irrigation. D'où l'importance des surcoûts occasionnés par l'importation d'installations de filtrage. La station d'alimentation en eau potable de Marrakech a connu, elle aussi, un fonctionnement erratique à cause de la turbidité excessive de l'eau du canal de la Rocade. Sans le secours de la seguia séculaire de Tasoultant, qui a permis à l'Office national de l'eau potable (ONEP) de prélever 3 % du volume de ses besoins, les interruptions de la prise d'eau du canal auraient été plus graves.

Face à ce problème, les experts se sont demandé, “si une étude de factibilité (lire faisabilité) avait eu lieu, si l'envasement du barrage Sidi Driss se serait produit[2]”. On ne comprend pas comment une étude de faisabilité de plus, s'ajoutant à la masse des dossiers techniques existants, aurait permis d'arrêter l'érosion.

1. NEDECO et SCET-Maroc, *Evaluation*, *op. cit.*, p. 7-9.
2. *Ibid.*, p. 5.

Ce qui est curieux dans cette histoire, c'est que n'est nulle part mentionnée la nécessité d'entreprendre des actions systématiques de boisement et de développer un système anti-érosif pour protéger les bassins versants.

Pourtant, depuis plus d'un siècle, grâce surtout aux travaux célèbres du géographe Jean Brunhes[1], les défenseurs les plus inconditionnels de la grande hydraulique ont vu dans l'envasement "un péril réel". Le résident général T. Steeg, appelé "gouverneur de l'eau" en raison de l'option barragiste développée dans les colonies, considérait la conservation et la reconstitution des forêts comme le complément nécessaire de l'hydraulique agricole. "La politique de l'eau, écrit-il en 1924, implique une politique de la forêt. Reboiser, c'est, sous une autre forme, aménager de nouveaux bassins. Qu'il me suffise de rappeler qu'un reboisement opportun peut rendre un barrage superflu, qu'un barrage en danger d'envasement peut être sauvé par un reboisement bien compris[2]..."

Malgré cette précaution affichée, M. Steeg, lorsqu'il inaugura le barrage sur l'oued Fodda en Algérie, croyait que les immenses proportions du réservoir lui permettraient de durer près de deux cents ans. Douze ans après la mise en eau réalisée en 1932, le barrage avait perdu la moitié de sa capacité ! Des tunnels furent percés à la base du barrage pour évacuer la vase, en vain, nous dit René Arrus. "Ce que nous enseigne l'histoire de l'oued Fodda, ajoute-t-il, c'est que le rythme de l'envasement s'accélère avec le temps. De même pour les autres bassins versants où le couvert végétal soit est dégradé ou n'existe pas[3]."

A cinquante ans d'intervalle, les concepteurs de l'aménagement du Haouz ont commis les mêmes erreurs. Le système de chasse fut présenté en 1976 comme la solution miracle au problème de l'envasement. Mais, pour s'apercevoir des limites de ces formules et rectifier le tir au moment opportun, il aurait fallu se mettre au courant de quelques faits de l'histoire de l'hydraulique. On reconnaît ici que c'est trop demander à des aménageurs prisonniers de leurs propres modèles et pressés de les greffer à des réalités diverses, sans tenir compte des contraintes de l'écosystème et du milieu social. On a agi

1. Jean Brunhes, *L'Irrigation dans la péninsule Ibérique et dans l'Afrique du Nord*, éd. Naud, Paris, 1902.

2. T. Steeg, "Une politique africaine de l'eau", in *La Paix française en Afrique du Nord*, éd. Alcan, Paris, 1926, p. 131.

3. René Arrus, *L'Eau en Algérie*, *op. cit.*, p. 133.

comme si le canal du Haouz pouvait être facilement la réplique du canal de Provence, comme si les choix technologiques étaient valables partout et pouvaient transcender, sans problèmes, les contingences de l'histoire, de l'environnement et des sociétés.

On ne comprend toujours pas pourquoi une étude de l'aménagement anti-érosif du bassin versant du complexe Moulay Hassan Ier et Sidi Driss n'a pas été entreprise en son temps. Pourtant, dès la fin des années 1970, l'aménagement anti-érosif faisait déjà partie des dispositions préalables à la réalisation des grands projets hydro-agricoles. L'exemple du bassin versant du Nebhana, en Tunisie, dont l'étude fut réalisée par le Programme des Nations unies pour le développement (PNUD/FAO) en 1980, en témoigne. L'attitude qui a prévalu dans la région du Haouz semble plutôt relever de "la logique minière" évoquée par J.-J. Pérennès. En tout cas, elle n'est pas sans rappeler le comportement des ingénieurs hydrauliciens de la colonisation, plus préoccupés du court terme, "écrémant" les ressources en eau dans des ouvrages coûteux, sans prendre la nécessaire précaution de les protéger de l'envasement[1].

Certes, les caractéristiques du milieu font de l'envasement actuel un problème très difficile à résoudre. Nous avons vu à quel point les solutions sont coûteuses et dommageables pour les ouvrages eux-mêmes. Mais l'on doit se rendre compte que, dans cette affaire, le temps est un facteur d'aggravation redoutable. Les moyens mis en œuvre chaque année pour faire face à l'accroissement de la turbidité semblent dérisoires par rapport à une nature rebelle qui cherche à se dégager de sa camisole de force.

La difficile jonction entre la technique et le social

Dès le début, le grand absent des schémas d'aménagement fut le groupe social des fellahs. Aucun sondage n'a été réalisé pour connaître leur opinion ou solliciter leur participation. Dans tous les rapports consultés, la vision techniciste a prévalu. D'ailleurs, la composition des équipes de consultants est dominée par les ingénieurs et les sciences dures qu'ils représentent. On comprend que, dans un tel programme, les sciences humaines et sociales soient également absentes.

Paul Pascon, qui fut le premier sociologue à diriger l'ORMVAH, s'est intéressé au groupe émergent des ingénieurs marocains, à

1. J.-J. Pérennès, *L'Eau et les Hommes*, thèse citée, vol. I, p. 157.

ses rapports avec le monde paysan et au rôle qu'il a joué dans les rouages de l'administration hydro-agricole. Il a montré comment ce groupe tend à privilégier sur le terrain une approche techniciste, qui voit dans les réactions paysannes un comportement irrationnel et incohérent. La rationalité technicienne, celle de "la planche à dessin", selon son expression, ne peut s'encombrer du foisonnement des logiques paysannes[1].

Les choix technocratiques, qui privilégient l'esprit du modèle par rapport à l'étude des réalités concrètes, ont certainement un lien avec la situation sociale de la paysannerie du Haouz. Paul Pascon a relevé, dès le début des années 1960, les multiples freins au progrès agricole dans la région : instabilité de l'exploitation agricole, irrationalité de l'organisation spatiale des exploitations et des terroirs, fuite de l'investissement et de la technicité hors du secteur agricole, faiblesse du producteur face au marché, analphabétisme rural et méconnaissance des techniques nouvelles, ignorance de l'Etat quant aux modèles techniques à promouvoir[2]. L'auteur appelait donc à combler le fossé qui sépare les techniciens de la paysannerie par le dialogue, l'association des paysans à la discussion des projets et leur représentation dans les institutions étatiques.

Beaucoup d'éléments de ce tableau ont très peu varié au cours du temps. Certes, les investissements hydro-agricoles ont élargi le réseau des infrastructures et changé, en gros, les paysages caractéristiques du Haouz. Mais ont-ils modifié le quotidien des petits paysans et contribué à l'amélioration de leur niveau de vie ? Les retombées en termes de revenus, tant exaltées par les calculs des aménageurs, semblent ici avoir été les moins évidentes. La logique capitaliste s'est là aussi montrée très sélective : elle a bénéficié avant tout à la grande exploitation et abouti à l'exclusion des petits producteurs. Peut-il en être autrement ?

"L'histoire des opérations d'intensification de la production agricole de type révolution verte, nous explique J.-J. Pérennès, montre que les effets sont discriminatoires ; de façon générale, ce sont les plus favorisés qui en tirent le meilleur parti[3]." Plus on est pauvre, moins on peut rentabiliser les équipements existants. Il est établi également qu'en l'absence d'un programme de

1. Paul Pascon, *Etudes rurales*, *op. cit.* ; J.-J. Pérennès, thèse citée, vol. II, p. 348.
2. Paul Pascon, "Les freins sociaux au développement agricole dans le Haouz de Marrakech", in *Hommes, terres et eaux*, mai 1963, p. 16 et 30.
3. J.-J. Pérennès, thèse citée, vol. II, p. 412.

soutien des catégories défavorisées, les projets bénéficient avant tout à ceux qui ont des exploitations viables, des capitaux suffisants, des parts de marché plus importantes et un accès plus facile aux moyens de financement.

La situation dans le Haouz semble confirmer le principe de Colin Clark selon lequel “il ne sera donné qu’à celui qui possède déjà[1]”. Si l’on prend l’exemple du périmètre du N’Fis, qui fut mis en eau prioritairement, on constate que la fièvre spéculative s’est emparée de ce territoire bien avant la publication du schéma directeur d’aménagement. Les transactions, théoriquement interdites sur les biens inaliénables du *guich* (armée), se sont multipliées, “permettant de ce fait à des guicheurs nantis d’agrandir leur patrimoine au détriment des plus défavorisés. Les ventes de terres *guich* permettent également à des étrangers aux tribus de s’installer sur le *guich*, et plus particulièrement aux Oudayas[2]”. En 1977, la superficie ayant fait l’objet de transactions était de 9 260 hectares et le nombre de nouveaux acquéreurs s’élevait à 400. Le mouvement spéculatif s’est propagé à l’ensemble des zones à aménager. La valeur des terres agricoles a été multipliée par dix à vingt selon le statut et la localisation du terrain. La structure foncière révèle dans son ensemble un processus de concentration très fort et un morcellement avancé.

Les rapports, qu’ils soient officiels ou rédigés par les experts des bureaux d’études étrangers, justifient la priorité accordée à l’aménagement du N’Fis par la nécessité de conserver le patrimoine arboricole de la région. Cette explication, à première vue fondée, ne paraît pas suffisante. On sait qu’au début des années 1920, le projet de transfert fut conçu pour satisfaire les besoins des colons et de la propriété caïdale concentrée dans le N’Fis. Au lendemain de l’indépendance, ces intérêts se sont effacés, comme l’a évoqué Paul Pascon, laissant la place à l’administration technique qui a privilégié l’aménagement de la Tessaout-amont. A la fin des années 1970, de nouveaux intérêts se sont reconstitués – ceux des riches citadins et d’une frange de la bureaucratie d’Etat – et semblent avoir pesé, d’une manière ou d’une autre, sur les orientations de l’aménagement.

En tout cas, quelles que soient les justifications retenues, ce choix pose aujourd’hui de multiples problèmes. Outre la

1. Colin Clark, *Economics of Irrigation*, Londres, 1967, cité par J.-J. Pérennès, thèse citée, vol. II, p. 412.
2. “Le périmètre du N’Fis”, in *Journées d’études de l’ANAFID*, 10-11 avril 1981, ORMVAH, Marrakech, p. 16.

complexité des structures agraires, l'enchevêtrement des statuts fonciers et la difficulté de faire aboutir les procédures d'épuration juridique, l'aménagement a été conçu dans une zone frontière à haut risque d'urbanisation, sans songer à délimiter au préalable le périmètre de la ville de Marrakech. D'où le paradoxe d'une situation où l'eau d'irrigation a été amenée de très loin et à grands frais pour arroser des parcelles qui serviront, tôt ou tard, aux lotissements urbains.

Le Haouz à l'heure des ajustements

C'est par rapport au bilan mitigé de la grande hydraulique dans la région du Haouz que le programme des ajustements est intervenu, cherchant à apporter des remèdes à une situation complexe, où se mêlent les problèmes d'ordre écologique et les contradictions du champ social.

La grande hydraulique a toujours constitué un système fortement intégré, depuis la construction des ouvrages de mobilisation (barrages) et de transport de l'eau (canaux) jusqu'à l'aménagement des périmètres irrigués et à la conduite de l'eau dans les exploitations. Les opérations, depuis leur conception jusqu'à leur réalisation, doivent s'enchaîner et respecter rigoureusement, au moment de leur exécution, le calendrier des prévisions. Tout retard se paie en surcoûts et se traduit par la diminution de la rentabilité globale des investissements.

Si le projet semble plus facile à concevoir et à réaliser dans ses aspects techniques, les problèmes surgissent dès qu'on cherche à quadriller les espaces agricoles et à y appliquer la vision de l'aménagement propre aux ingénieurs et aux bureaux d'études (canevas hydrauliques, trame d'irrigation, remembrement, etc.). La situation se complique encore davantage lorsqu'il s'agit de territoires anciennement hydraulisés, comme c'est le cas du Haouz. Cette région, on l'oublie souvent, fut modelée dès le XIIe siècle par la technologie des seguias et des *khettara*, et gagnée à la culture de l'irrigation gravitaire et aux principes de la gestion patrimoniale.

Le passé hydraulique du Haouz, la civilisation de l'eau qui le caractérise avec l'ingéniosité de ses ouvrages techniques, ses modes de distribution et de partage de l'eau, ses procédures d'arbitrage et de règlement des conflits, tout ce patrimoine de gestion sociale de l'eau a été marginalisé et traité avec mépris. A aucun moment les aménageurs ne se sont interrogés sur le devenir de cet héritage, sur ses possibilités et sur les moyens de le mobiliser efficacement dans la bataille pour le développement régional. A quoi bon s'encombrer de "vieilleries", alors qu'une technologie des plus sophistiquées offrait aux ingénieurs l'occasion de mettre en pratique leur savoir, de brûler, en quelque sorte, les étapes et de faire passer rapidement le Haouz de l'âge préindustriel à l'ère de la régulation dynamique et des SIG (systèmes d'information géographique) ?

Cette conception n'a tenu absolument aucun compte des pesanteurs de l'histoire. Chargée d'une forte dose d'amnésie, elle ignorait tout de la propagation des innovations dans le milieu rural, et surtout la durée nécessaire à l'apprentissage technologique, qui peut être anormalement prolongée dans une région ravagée par l'analphabétisme rural et marquée par un bas niveau de formation agro-technique.

On comprend que, dans un tel contexte, le modèle de la grande hydraulique soit obligé de composer avec la réalité. Mais, dans ce cas, le prix à payer risque d'être lourd. La comparaison entre les options du Plan directeur, conçu il y a plus de vingt-cinq ans, et les résultats obtenus permet de constater l'importance des décalages apparus dans l'exécution des programmes. Ces décalages varient entre quatre et dix-sept ans et paraissent plus considérables en ce qui concerne l'aménagement des périmètres irrigués. Si l'articulation entre le projet technique et l'aspect social avait été envisagée dès le départ, conformément à l'enseignement séculaire des sciences humaines, on aurait pu réduire les délais d'exécution et économiser des sommes appréciables.

L'étude de l'affectation des eaux du canal de la Rocade durant les premières années de son fonctionnement est significative des tâtonnements et du gaspillage qui ont accompagné la mise en eau des barrages et des canaux. Les prélèvements de l'Alimentation en eau potable (AEP) sur le canal de la Rocade ont été très importants dès la première année de la mise en eau. L'évolution semble indiquer un arbitrage en faveur de la ville de Marrakech, dont les besoins sont satisfaits en priorité. Cette tendance montre que, dans la conjoncture des pénuries qui ont marqué la décennie 1980-1990, c'est l'eau urbaine qui a été privilégiée. La normalisation de la distribution des eaux du canal de la Rocade a rétabli la situation en faveur de l'eau agricole (plus de 70 % des prélèvements).

Outre des taux relativement importants de pertes – lesquels vont en s'amenuisant –, on peut relever un autre paradoxe dans le projet d'aménagement hydro-agricole du Haouz : l'augmentation des volumes d'eau qui sont livrés gratuitement à l'Office national de l'eau potable. Le cumul des livraisons s'élève à des millions de mètres cubes qui sont considérés comme des fonds perdus et s'ajoutent aux coûts des barrages non intégrés dans les évaluations économiques des aménageurs. Non seulement l'eau urbaine fournie par le canal n'est pas payée, mais l'Office semble éprouver d'énormes difficultés à couvrir le coût complet de l'eau agricole.

Sur l'ensemble des périmètres irrigués, on remarque une faible efficience de la facturation. Le rapport du volume facturé (réellement consommé) au volume distribué n'est que de 42 %. Autrement dit, 58 % du volume distribué pour l'irrigation échappe à la facturation, ce qui se traduit par un manque à gagner annuel de 60 millions de dirhams (en prenant comme base le tarif brut actuel de 0,17 dirham le mètre cube). Quant au recouvrement de la redevance d'irrigation, il ne se fait pas sans difficultés : il est passé de 21 % en 1985 à 80 % actuellement[1].

Ces difficultés de recouvrement traduisent, en fait, les contradictions d'un aménagement régional qui a réussi à mobiliser à un coût élevé les ressources hydrauliques pour une population rurale qui ne montre pas beaucoup d'empressement à payer l'eau et risque de ne plus l'utiliser, si l'escalade des prix se poursuit.

Face à ce bilan mitigé de la politique des barrages, il est intéressant de connaître le diagnostic de la Banque mondiale et la portée de son programme d'ajustement. On a vu que le financement des projets hydro-agricoles dans le Haouz était essentiellement le fait de capitaux arabes et européens. La Banque mondiale ne s'est pas engagée dans cette région du Sud, préférant accorder la priorité à l'amélioration des performances des anciens barrages et aux ajustements structurels. Ce changement d'attitude remonte au début des années 1980 et mérite qu'on l'analyse pour comprendre la nature des orientations actuelles et celles à venir.

On ne peut évidemment pas isoler la situation du Haouz du lancement en 1984, au niveau national, du Programme d'ajustement du secteur agricole (PASA). Ce programme a retenu les objectifs suivants :

– la restructuration des projets publics d'investissement et de dépenses, en cherchant à rentabiliser l'infrastructure existante et à réduire les décalages ;

– la réorientation du cadre des prix et des incitations en limitant les subventions à l'agriculture ;

1. *Calcul du coût du service de l'eau*, ORMVAH, 1997, p. 8.

– la rationalisation du rôle du secteur public et le renforcement des services du soutien agricole. L'intervention de l'Etat doit se limiter au strict minimum et laisser au privé une action plus large (fourniture des intrants, commercialisation, encadrement…) ;

– l'amélioration de la productivité des terres et la protection des ressources naturelles.

Pour mettre à exécution ces objectifs, la Banque mondiale a octroyé au Maroc deux prêts (en 1985 et 1988) destinés à améliorer l'agriculture irriguée. Ce sont les fameux Programmes d'amélioration de la grande irrigation (PAGI-1 et PAGI-2) dont la philosophie remonte, en fait, à un rapport plus ancien, rédigé par K. Cleaver, et qui faisait le point sur l'expérience du développement de l'agriculture irriguée dans quelques pays maghrébins (Algérie, Tunisie, Maroc). L'auteur a réussi à identifier un certain nombre de facteurs qui bloquent la croissance agricole : la mauvaise gestion des périmètres irrigués par les barrages, la faiblesse du taux d'intensification agricole, le coût excessif de l'investissement par hectare, le faible taux de couverture des charges d'irrigation, la dispersion des activités des ORMVA… De ce diagnostic, l'expert de la Banque mondiale a tiré les recommandations suivantes :

– donner la priorité à la rentabilisation des équipements existants et à une meilleure répartition des terres ;

– instituer une taxe foncière sur les terres irrigables, afin de décourager les propriétaires absentéistes et de les amener soit à intensifier, soit à vendre ;

– donner une autonomie financière aux ORMVA pour limiter le recours au budget de l'Etat, etc.[1].

Ces propositions, publiées en 1982, ont été reprises dans les PAGI, mais amputées de la réforme des structures agraires et de l'institution de la taxe sur la propriété "absentéiste". Ce n'est pas la première fois que le programme réformiste de la Banque mondiale se heurte à la résistance des intérêts dominants dans la campagne marocaine et recule sur un aspect essentiel de la problématique de l'aménagement hydro-agricole. Le même problème s'est posé au début des années 1960, quand la proposition de limitation de la grande propriété "latifundiaire" et absentéiste a échoué devant l'opposition de l'oligarchie foncière. Il faut dire

1. Kevin M. Cleaver, *The Agricultural Development Experience of Algeria, Morocco and Tunisia. A Comparison of Strategies for Growth*, World Bank, Washington, 1982.

qu'au Maroc, le slogan de la réforme agraire, avec sa connotation politico-idéologique, a toujours animé les passions, qu'elles soient bonnes ou mauvaises. Et l'on se demande si le nom même du MARA (ministère de l'Agriculture et de la Réforme agraire) n'a pas longtemps été plus une concession à l'époque de la guerre froide qu'un réel désir de changement des structures agricoles. D'ailleurs, dès que le mur de Berlin est tombé, la formule gênante a disparu, laissant la place à un MAMVA (ministère de l'Agriculture et de la Mise en valeur agricole) jugé probablement plus neutre.

Le diagnostic de K. Cleaver est fondé sur une bonne connaissance des réalités agricoles marocaines. La plupart de ses recommandations rejoignent, en fait, les conclusions de toute une tradition universitaire critique, qui avait déjà identifié les principaux problèmes de la grande hydraulique et proposé un certain nombre de remèdes. Face au décalage entre les périmètres pouvant être arrosés par l'eau des barrages et les périmètres effectivement irrigués, elle conseillait d'orienter les efforts vers la rentabilisation des équipements existants ; elle insistait également sur la réforme agraire pour limiter la concentration de la propriété foncière et les effets négatifs de l'absentéisme, et critiquait l'entreprise étatique de l'irrigation, qui apparaissait plus comme un moyen de contrôle politique des campagnes que comme le vecteur de la rationalité économique.

Si ces propositions n'ont pas été examinées avec sérieux par les responsables de l'agriculture, c'est, entre autres, parce qu'elles émanaient des cercles de l'université, trop longtemps tenue à l'écart de la gestion des affaires du pays pour des raisons essentiellement idéologiques.

Aujourd'hui, le processus des réformes de la grande hydraulique, tel que le conçoit la Banque mondiale, paraît engagé. Les offices marocains ont entamé une phase complexe d'ajustements qui touchent aussi bien leur vision techniciste des problèmes de l'irrigation que leur rôle dans l'agriculture, leurs rapports avec le monde paysan, leur organisation et leur mode de fonctionnement.

Sans remettre en cause le bien-fondé de ces réformes, il semble que, là aussi, la "greffe des modèles" comporte un gros risque de désenchantement. Car le problème de l'aménagement hydro-agricole du Haouz ne réside pas tant dans le passage d'une comptabilité publique à une comptabilité d'entreprise, ni dans la mise en place des SIG et des instruments de télédétection et de contrôle de l'irrigation. Ce ne sont là que des outils de gestion dont le développement doit être maîtrisé et réalisé en fonction des besoins réels de l'entreprise. L'expérience a d'ailleurs montré que lorsque les conditions méthodologiques et sociologiques de la mise en œuvre de tels outils ne sont pas étudiées, le transfert risque d'échouer, aboutissant, dans le meilleur des cas, à des systèmes peu opérationnels.

En tout cas, quel que soit l'angle selon lequel on se place pour examiner la réforme du modèle de la grande hydraulique dans le Haouz, il n'est pas possible de continuer à ignorer la dimension structurelle dans les changements à venir. Prenons quelques exemples pour montrer le bien-fondé de cette analyse : la tarification de l'eau agricole représente, dans sa structure actuelle, un avantage certain pour la grande exploitation et une lourde charge pour les micro-exploitations. La Banque mondiale estime que les investissements considérables effectués dans l'hydraulique agricole au cours du plan 1973-1977 ont profité à 1,3 % seulement de la population rurale. On sait aussi que, dans certains périmètres irrigués, le niveau des revenus permis par l'irrigation est treize fois plus important dans les grandes exploitations que dans les exploitations de moins de 2 hectares[1]. Une tarification plus souple, modulable en fonction de la nature des cultures pratiquées, des revenus et de la taille des unités de production, paraît plus équitable et plus productive. Mais ce changement des pratiques tarifaires, malgré sa simplicité, ne peut se faire sans bousculer quelques intérêts établis.

La structure foncière dans les périmètres irrigués du Haouz est marquée par une répartition inégalitaire des facteurs de production. On a relevé également la constitution d'un capital spéculatif, peu intéressé par les investissements à long terme et l'accroissement des rendements. Une réforme des structures agraires semble dans ce cas incontournable, non seulement pour des raisons de justice sociale, mais aussi pour une question d'efficacité économique.

De l'aménagement au "ménagement" des eaux du Haouz

Un simple regard sur la carte des aménagements hydro-agricoles du Haouz (p. 114) permet de restituer l'échelle des bouleversements. Dans une région où les oueds coulent naturellement

1. J.-J. Pérennès, thèse citée, vol. II, p. 434.

du sud (Haut-Atlas) vers le nord, les ingénieurs ont conçu et réalisé un long canal qui barre la plaine sur toute sa longueur, la traversant d'est en ouest. Dans sa course sinueuse, le nouveau canal enjambe une dizaine d'oueds atlassiques, sectionne les territoires de tribus diverses et représente, par son tracé même, un défi à la nature. Le défi est présent également dans la signification du nom "rocade", que le Petit Robert définit comme étant une "ligne parallèle au front de combat permettant d'établir des liaisons entre secteurs". Quoi de plus frontal que cette appellation puisée dans le vocabulaire militaire ! La prétention de dominer la nature et de l'asservir a été tellement forte que les aménageurs ont non seulement sous-estimé le grave problème de l'envasement, mais négligé l'étude du comportement à long terme de la nappe du Haouz, face aux millions de mètres cubes d'eau qui s'y déversent annuellement.

On se demande comment le modèle de la grande hydraulique peut être performant et efficace dans son (ou ses) pays d'origine et poser des problèmes à la fois écologiques et humains dès qu'on cherche à le transplanter ailleurs. Une première explication réside dans l'absence d'une articulation, au sens où l'entend Jean Brunhes, entre le système technologique et les structures sociales. La seconde limite semble découler du comportement même des techniques engagées dans la modernisation de l'espace rural.

Après une longue expérience parmi les ingénieurs hydrauliciens de la Société du canal de Provence – ceux-là mêmes qui furent impliqués dans le Haouz et dans d'autres régions du Tiers-Monde –, Michel Marié nous donne sa conviction qu'"un dispositif technique n'a de chances d'être rentable et de bien fonctionner que si, paradoxalement, il a su affronter des sociétés locales assez fortes pour lui résister et donc composer avec de l'épaisseur sociale". L'aménagement ne réussit, en définitive, que lorsqu'il s'accompagne d'une certaine dose de "ménagement du territoire", lequel se définit comme étant "la capacité des institutions de l'aménagement à s'autoréguler, c'est-à-dire à réévaluer en permanence les termes de leur action en fonction des forces en présence[1]".

Dans le cas du Haouz, la société locale a été pratiquement absente au moment des grandes décisions d'aménagement. La place a longtemps été occupée par les techniciens qui intervenaient

1. Michel Marié, "Aménager ou ménager le territoire", in *Annales des Ponts et Chaussées*, n° 77, 1996, p. 67-68.

à tous les échelons de l'administration hydro-agricole, laissant peu d'initiative aux paysans. L'énorme potentiel d'ingénierie, de savoir-faire et de savoir-gérer que recèle l'hydraulique traditionnelle a été partiellement détruit et considéré comme dépassé.

Rien n'exprime mieux la volonté d'instaurer une agriculture industrielle, une "agriculture sans paysans", que la disparition, dans les documents des bureaux d'études et des milieux techniques, de toute référence aux besoins réels des fellahs et à leurs aspirations. Le concept de "participation paysanne", cher à la sociologie de Paul Pascon, a longtemps été occulté. Il réapparaît aujourd'hui dans la littérature technique des offices, après quarante ans d'absence. Les difficultés de recouvrement des charges de l'irrigation ne sont pas étrangères à ce regain d'intérêt pour l'organisation des communautés rurales.

Tout le pari de la situation actuelle réside dans la capacité à repenser la machinerie lourde de la grande hydraulique et à lubrifier ses mécanismes en y introduisant de fortes doses de ménagement. On a vu que la question de l'eau ne se réduit pas à un simple transfert de techniques. Elle constitue, en tout cas, une affaire trop sérieuse pour rester du domaine exclusif des techniciens et des bureaux d'études.

CHAPITRE II

A LA RECHERCHE DE LA MÉMOIRE DES EAUX DU HAOUZ

On a souvent critiqué la politique des barrages en évoquant ses limites sur les plans environnemental et social. A partir des exemples de la commune de Tamesloht, de la montagne du Haut-Atlas et du système des *khettara*, on montrera l'impact de cette politique sur les héritages hydrauliques de Marrakech et de sa région.

I. PATRIMOINE HYDRAULIQUE ET DÉVELOPPEMENT DE TAMESLOHT

Il y a différentes manières d'envisager les problèmes du développement d'une localité comme Tamesloht[1]. On peut se placer au niveau de l'Etat et considérer que les choix doivent absolument s'insérer dans les cadres d'une planification globale (plan hydraulique, plan oléicole, plan sucrier...). Dans ce cas, le local disparaît au profit des programmations d'une entité nationale. On peut encore, et c'est ce qui se fait trop souvent aujourd'hui, privilégier l'échelle du monde et tout penser en termes de logique capitaliste et de normes internationales. Dans ce cas, c'est toute l'identité d'une région qui risque de se dissoudre dans le magma d'une culture nouvelle, faite de compétition, d'agressivité et d'exclusion.

1. Située au sud-ouest de Marrakech, la commune de Tamesloht regroupe une population de 20 000 habitants. Fondée autour du marabout (ou *zaouia*) du même nom en 1563, elle a joué un rôle religieux et politique important dans la région du Haouz. Le noyau urbain se distingue par un ensemble architectural de grande valeur et des installations hydrauliques ingénieuses. D'où le choix de ce site comme objet d'étude.

Il me semble que Tamesloht, compte tenu de la spécificité de sa culture et de son histoire, ne se prête totalement ni à l'une ni à l'autre démarche. Elle a besoin d'une approche régionale qui tienne compte de son environnement immédiat, celui de la ville de Marrakech, mais aussi de ses potentialités présentes et, surtout, de la richesse de son patrimoine. Un patrimoine à la fois urbain et rural qui a résisté des siècles durant à l'incurie des hommes et du temps.

La fréquentation de ces lieux de profonde spiritualité me laisse croire que le devenir de ce patrimoine est intimement lié à celui de la population locale ; une population humble, indigente le plus souvent et vivant dans des conditions de précarité telles qu'il devient difficile, voire impossible, de promouvoir la cité sans améliorer la vie de ses habitants.

Si le but du développement est avant tout humain et vise à apporter de l'aide à ceux qui en ont le plus besoin, on doit, chaque fois que c'est possible, privilégier les solutions locales et ouvrir la voie à la gestion participative. Ce choix paraît préférable aux options purement technocratiques qui sont souvent coûteuses et peu efficaces.

C'est pour cette raison que le thème de l'hydraulique traditionnelle, étudié il y a une quinzaine d'années, m'a paru un des aspects les plus intéressants du riche patrimoine de cette commune. Je me suis rappelé la conversation que j'avais eue en avril 1984 avec le propriétaire d'une petite oliveraie située à la périphérie de la ville. Le vieil homme arrosait son verger grâce au système de la *sâniya*, une machine à godets actionnée par un animal. Ce qui m'a frappé à l'époque, c'est l'ingéniosité du dispositif technologique utilisé, formé essentiellement de structures métalliques et de pièces issues des circuits de la récupération. Le contraste paraissait évident entre l'état des appareillages d'élévation, les moyens financiers réduits et les aspirations du jardinier. L'homme, malgré son âge et les effets de la sécheresse, avait la volonté de s'en sortir et un espoir tel qu'il se lançait dans la plantation de nouveaux pieds d'olivier.

Ce souvenir m'amène aujourd'hui à penser qu'une "technologie intermédiaire" – nettement plus productive que les procédés anciens tombés en désuétude et moins coûteuse que les programmes de grande hydraulique – peut constituer une solution avantageuse pour les paysans des petits périmètres irrigués et des banlieues jardinées.

La revendication de cette "technologie douce" pour l'aménagement de Tamesloht se justifie non seulement parce qu'il s'agit d'une technologie soucieuse de la culture des hommes et de leur environnement, mais aussi parce qu'elle s'insère parfaitement dans la longue histoire d'une communauté connue par son esprit d'entreprise et les réalisations de son génie hydraulique.

Tamesloht : un espace d'ingénierie hydraulique

Paul Pascon a bien retracé l'histoire de la zaouïa de Tamesloht depuis les origines jusqu'à nos jours : une histoire faite de dévotion, de piété et de miracles, mais aussi d'accumulation de biens matériels, de moments d'expansion économique et de phases de déclin. Il ne s'agit pas ici de s'attarder sur la chronologie des événements, mais de les relire en privilégiant le thème de l'eau.

Les chroniqueurs de l'époque almohade (XIIe siècle) décrivent le site de Tamesloht comme un lieu désert, sec, inculte et sans eau. Le rayonnement de la zaouïa à partir du XVIe siècle fut donc un événement capital pour la mise en valeur hydraulique de la région. La maison religieuse des Maslouhiyyine a pesé de tous ses pouvoirs spirituels pour faire de cette localité une importante zone irriguée et l'une des plus belles banlieues jardinées des environs de Marrakech.

L'émergence de Tamesloht en tant qu'espace d'ingénierie hydraulique a certainement un rapport avec les fondateurs de la zaouïa qui étaient des hydrauliciens. Les miracles eux-mêmes concernent soit la construction des seguias, soit la lutte contre les prédateurs de l'agriculture (criquets, oiseaux et autres ravageurs). Nous avons là un cas, assez rare dans l'histoire du Maroc, où le culte des saints se trouve intimement lié à la maîtrise de l'eau et des aléas agricoles.

Un patrimoine hydraulique riche et diversifié

Tamesloht a accumulé, au fil des siècles, un patrimoine hydraulique impressionnant. Ce patrimoine constitue une composante essentielle de l'histoire culturelle de Marrakech, qui fut pendant des siècles la capitale florissante d'un vaste empire.

Trois systèmes technologiques distincts se sont développés à l'échelle de la région du Haouz et ont joué un rôle fondamental dans la mobilisation des ressources hydrauliques : le système des machines à godets et à traction animale *(sâniya)*, le système des galeries drainantes souterraines *(khettara)* et le système des canaux (seguias). On est passé successivement d'un système à l'autre avec une volonté manifeste d'augmenter le rendement des équipements hydrauliques et de gagner de nouvelles terres à l'irrigation[1].

Tamesloht a su ainsi, dès sa fondation, tirer avantage de la proximité d'une capitale d'empire. Non seulement elle a repris à son compte tous les systèmes connus dans le Haouz, mais, comme on le verra plus loin, elle a innové en créant de nouvelles techniques hydrauliques. On comptait à Tamesloht, au début des années 1970, seize *khettara* sur les cinq cents recensées à Marrakech et dans sa région.

La prospérité agricole de cette commune a également été assurée, au cours des siècles, par la maîtrise du système des seguias. L'intérêt de ce système est qu'outre sa simplicité et sa capacité de mobiliser les eaux de surface, il a ouvert la voie la plus large à la gestion participative. Les populations nombreuses qui vivaient de la dérivation des oueds ont appris à prendre en charge les infrastructures de base, à assurer leur entretien et à être attentives au fonctionnement du réseau d'irrigation. Le savoir-faire des paysans a ainsi été valorisé et intégré à toutes les étapes de la mise en place et de la gestion des équipements. Cela a contribué, à la longue, à la formation d'une culture de l'eau marquée par la recherche de l'efficacité et de la justice.

L'invention du système des tours élévatrices de l'eau

Si Tamesloht a bénéficié de toutes les techniques d'exploitation et de mobilisation des eaux connues dans le Haouz, elle ne s'est pas limitée à cet héritage. En effet, c'est ici qu'au XIXe siècle a eu lieu l'invention de la "technique des tours élévatrices de l'eau". On se demande comment la réalisation de ce système ingénieux, unique dans les annales de l'hydraulique, est passée inaperçue et n'a pas excité davantage la curiosité des chercheurs. Paul Pascon mentionne l'équipement de l'*agdâl* de Lhâj Meslohi (mort en 1906) et la mise en place d'un réseau de distribution en poterie et de colonnes de communication[2]. Cette description sommaire ne restitue pas l'originalité de l'invention, ni sa place dans l'histoire de l'ingénierie de l'eau. Il s'agit en fait d'un mécanisme élévatoire basé sur la théorie des vases communicants.

1. M. El Faiz, "Pour une histoire de longue durée des aménagements hydro-agricoles dans le Haouz", *loc. cit.*
2. Paul Pascon, *Le Haouz*, *op. cit.*, vol. I, p. 289.

Dans le vallonnement qui mène à l'entrée de Tamesloht, on distingue une ligne de tours carrées construites en briques, qui peuvent atteindre une dizaine de mètres de hauteur. Elles sont creuses et disposent chacune de deux tuyaux en céramique dont le diamètre varie de 0,40 mètre pour le plus grand à 0,21 mètre pour le plus petit. L'eau parvient à la base des tours par une canalisation enterrée. Elle emprunte le premier tuyau et, arrivée au sommet, se déverse dans le second et redescend au pied de la tour d'où elle est reconduite, *via* la canalisation souterraine, jusqu'à la seconde tour. Le réseau de deux kilomètres environ est ainsi parsemé de treize colonnes qui fonctionnent comme des vases communicants destinés à alimenter le palais et les jardins.

L'inventeur de ce système fut un *mâalem* (maître artisan) de Tamesloht, dont l'histoire n'a pas conservé le nom. La commande émanait du chef de la zaouïa qui cherchait à vaincre les difficultés de la configuration du terrain pour amener l'eau à ses propriétés. On a prétendu à l'époque (et on continue à le dire aujourd'hui) que Lhâj Meslohi construisait un oléoduc pour transporter son huile jusqu'à Marrakech. L'invention fut en tout cas en avance sur son temps. Condamnée par les théologiens comme une entreprise ostentatoire, elle attend que les services du ministère de la Culture veuillent bien s'y intéresser et la protéger[1].

Un patrimoine hydraulique au service du développement local

Le patrimoine hydraulique de Tamesloht est intimement lié à celui de Marrakech et de l'ensemble de la région du Haouz. Les ingénieurs de la colonisation n'ont pas manqué de relever les multiples avantages des techniques traditionnelles, leur promettant un bel avenir. Mais, en même temps, on introduisait les motopompes qui sont devenues, à la longue, les engins prédateurs de la nappe phréatique.

Un recensement de 1918 fait état de l'existence de 350 *khettara* en fonctionnement dans un rayon de 15 kilomètres autour de la ville de Marrakech. Jusqu'à la fin des années 1970, il y avait encore 567 *khettara* dans le Haouz, dont 500 vives et 67 sèches.

1. Pour plus de précisions, voir les résultats de la première campagne archéologique à laquelle j'ai participé à Tamesloht en juillet 2000, sous la coordination de P. Cressier de la Casa Velázquez de Madrid et de L. Erbati de l'Institut national de l'archéologie et du patrimoine de Rabat.

Actuellement, plus de 80 % de ce potentiel est détruit ou mis à sec. Le système des seguias, qui étendait partout les ramifications de ses canaux distributeurs, est en partie détruit. Il ne résistera pas longtemps à la négligence des hommes et à l'extension des aménagements modernes. Les machines à godets que nous avons vues fonctionner dans les années 1980 à Tamesloht, maintenant en économie de survie de nombreuses familles paysannes pauvres, ont disparu de la plupart des oliveraies, faute d'un programme d'amélioration des technologies traditionnelles. A ce rythme, l'ensemble du patrimoine hydraulique aura disparu au début du XXIe siècle.

Que faire ? Faut-il laisser mourir l'hydraulique paysanne du Haouz et, sous prétexte d'une modernisation incontrôlée, condamner l'héritage le plus prometteur de toute une région ? Partout dans le monde, plus précisément en France d'où sont venues les techniques hydrauliques sophistiquées qui fascinent un grand nombre de nos ingénieurs, l'heure est à la réhabilitation des cultures anciennes de l'eau. On développe les systèmes gravitaires et les canaux en terre. On considère que l'eau qui s'infiltre ne constitue pas un gaspillage, mais le moyen le plus écologique d'assurer le rééquilibrage de la nappe phréatique. On va jusqu'à remettre en marche de vieilles roues hydrauliques et de vieux moulins pour valoriser le potentiel touristique des communes et leur identité culturelle.

La révolution scientifique et technique actuelle peut constituer un important point d'appui aux politiques de rénovation des installations hydrauliques anciennes de Tamesloht. Mais, avant de se lancer dans une telle entreprise, un inventaire du patrimoine hydraulique est nécessaire. Des études à la fois historiques, technologiques, économiques et sociologiques – si elles sont correctement menées – peuvent, au-delà de la description de l'existant, nous aider à comprendre comment le patrimoine s'intègre (ou non) dans la vie des populations, comment il est vécu et comment l'on envisage son devenir.

Il me semble que, dans le cas de Tamesloht, les solutions humaines et écologiques sont à privilégier par rapport à celles qui paraissent spectaculaires, muséographiques et trop "aménagistes". Le pari consiste à amener les habitants à prendre conscience de la patrimonialité des lieux où ils vivent et travaillent, à les convaincre qu'un projet d'écodéveloppement qui emporte leur adhésion peut constituer non seulement un facteur d'amélioration de leurs conditions d'existence, mais aussi un levier de développement local.

Ce qui est proposé ici, c'est une activité d'éveil de la population à son héritage, à sa mémoire hydraulique, à ce génie des lieux qui a fait d'un modeste artisan l'inventeur de la technique des tours élévatrices. Il faut nécessairement des moyens, de la patience et du temps. L'entreprise peut paraître difficile et décourager ceux qui recherchent des actions et des résultats rapides. Mais il y a aujourd'hui tant d'engouement local et national, tant de bonnes volontés venant des deux rives de la Méditerranée, que le projet Tamesloht[1] semble possible et réalisable. Peut-il en être autrement dans une localité industrieuse qui a fait, depuis longtemps, de l'hydraulique son pôle d'excellence et des miracles de l'eau sa spécialité ?

II. PATRIMOINE HYDRAULIQUE ET DÉVELOPPEMENT DE LA MONTAGNE DU HAOUZ

Parler du patrimoine hydraulique comme levier de développement à partir de la localité d'Asni, non loin de Tinmel qui fut le berceau de la dynastie almohade (XIIe siècle), nous impose d'emblée une perspective d'analyse plus large, intégrant plusieurs siècles d'évolution des rapports entre la montagne et la plaine dans la région du Haouz[2].

On cherchera donc à remonter le cours de l'histoire, à rappeler brièvement ces moments privilégiés de notre civilisation où la montagne était un espace de créativité hydraulique et le plus important gisement de ressources humaines. Au cours des siècles, des rapports équilibrés, voire une sorte de synergie, se sont établis progressivement entre l'espace montagnard, d'une part, et les zones du *dir* et de la plaine, d'autre part. Il semble que ce dynamisme de la montagne est resté vivace jusqu'au début du XXe siècle. Puis la tendance a commencé à s'inverser au profit de la ville et des processus d'urbanisation. L'effort financier de l'Etat depuis l'indépendance, bien que considérable,

1. Le projet, initié par une association non gouvernementale, vise à revitaliser la commune et ses environs. Cf. "Tamesloht : un projet d'écodéveloppement", séminaire organisé à la faculté des sciences, Marrakech, 16-18 octobre 1998.
2. Les idées développées ici reprennent les éléments d'une intervention au Ier Symposium sur le développement des zones de montagne, organisé par la direction provinciale de l'Agriculture (DPA). Cf. "Pour un développement durable de la montagne du Haouz", Asni, 3-7 juillet 1999.

a été essentiellement absorbé par les projets de la grande hydraulique, ce qui a aggravé le déséquilibre régional. Peu à peu, la montagne est devenue une zone marginalisée, ne bénéficiant que de quelques subsides distribués dans le cadre des programmes de la promotion nationale et des interventions de la direction provinciale de l'Agriculture (DPA).

Il ne s'agit pas ici de s'arrêter à l'explication des causes profondes de la marginalisation, ni de se limiter aux raisons qui font qu'au Maroc, on ne parle des problèmes de la montagne qu'au moment où se déclenchent des crises écologiques et des catastrophes naturelles. Au-delà des constats, il y a la volonté de discuter des moyens susceptibles de revitaliser le patrimoine hydraulique local, de le rénover et de le transformer en un levier de développement pour l'ensemble de l'écosystème montagnard.

De la petite et moyenne hydraulique à la notion de patrimoine hydraulique

La notion de petite et de moyenne hydraulique est souvent définie par opposition à la grande hydraulique. Elle désigne *grosso modo* tous les périmètres qui ne sont pas irrigués par les barrages modernes. On peut également, à partir de la nature du réseau de distribution et des modes d'usage de l'eau, établir d'autres caractéristiques de l'hydraulique de montagne.

Aujourd'hui, la notion de petite et de moyenne hydraulique, telle qu'elle est employée dans les rapports des techniciens et des économistes, paraît à la fois trop vague et trop restrictive pour pouvoir servir de catégorie explicative. Limitée aux ouvrages de mobilisation et de distribution des eaux, elle est loin d'intégrer toute la richesse de la civilisation hydraulique des zones de montagne.

Pourtant, tous ceux qui ont étudié l'écosystème montagnard, qu'ils soient historiens, géographes ou sociologues, ont relevé l'ingéniosité des populations locales, leur prodigieuse organisation et la domination d'un "génie répartiteur[1]" qui a réussi à faire régner les principes de l'équité sociale dans des milieux vulnérables, caractérisés par la pénurie d'eau et de terres arables.

La nouvelle notion de patrimoine hydraulique permet d'appréhender la montagne en tant que milieu naturel et en tant

1. Jacques Berque, *Structures sociales du Haut-Atlas*, PUF, Paris, 1955, p. 142-176.

qu'aire de culture et de civilisation particulière. Au-delà de la simple description des procédés de mobilisation et de distribution des eaux, cette notion cherche à intégrer les savoir-faire paysans, les méthodes locales de gestion de la ressource, les connaissances du milieu physique et naturel, bref, tous les aspects de l'histoire de l'hydraulique en territoire montagnard.

Par conséquent, le patrimoine hydraulique représente, à mon sens, un des riches aspects de l'héritage civilisationnel marocain. Il englobe le génie bâtisseur et répartiteur des populations, les valeurs écologiques qui fondent la mise en valeur hydro-agricole ainsi que tous les legs qui ont contribué, au fil du temps, à assurer une gestion durable et équilibrée de l'écosystème montagnard.

Prise dans ce sens plus large, l'expression proposée permet d'envisager la culture hydraulique montagnarde dans sa globalité et dans sa diversité. Elle nous invite à dépasser les interventions ponctuelles, qui privilégient le bétonnage systématique des seguias et des berges des oueds. Ces actions, souvent improvisées ou réalisées dans l'urgence, outre qu'elles se limitent à reproduire paresseusement les modèles de l'aménagement hydraulique en vigueur dans la plaine, constituent une atteinte à l'harmonie du paysage. Elles surprennent désagréablement le promeneur, habitué à voir partout des ouvrages en terre. D'où la nécessité de revoir les programmes d'amélioration de la petite et moyenne hydraulique dans le sens non pas d'un aménagement frontal, mais d'un "ménagement" du territoire. Ce dernier tiendra compte des pratiques paysannes et de l'aspect artistique des installations hydrauliques, qui sont souvent de véritables ouvrages d'art.

La nouvelle approche du patrimoine hydraulique doit, à mon sens, permettre de dépasser la logique technicienne, depuis longtemps omniprésente dans la conception des aménagements hydro-agricoles marocains, pour instaurer une logique patrimoniale, soucieuse de sauvegarder les équilibres fragiles de la montagne et attentive aux valeurs humaines.

Origine et évolution du patrimoine hydraulique montagnard

C'est aux XIe-XIIe siècles, qui ont vu l'ascension de la dynastie almohade, que nous trouvons des documents qui attestent la constitution d'une riche culture de l'eau, alimentée par différents apports ethniques : berbère, arabe et hispano-arabe. Il est intéressant de noter que la construction de la ville de Marrakech n'a pas perturbé le schéma global d'aménagement des eaux. L'hydraulique de la plaine représentait plutôt une continuité par rapport à l'hydraulique de la montagne. Certes, les Almohades ont réussi à intégrer l'apport andalou pour étendre l'exploitation des eaux souterraines grâce au système des *khettara*. Mais, dans l'ensemble, le système des seguias et de l'irrigation gravitaire prédominait partout, aussi bien dans les zones de haute montagne que dans les espaces du *dir* (piémont) et de la plaine.

Cette homogénéité des espaces hydrauliques du Haouz est restée une réalité vivante jusqu'aux dernières décennies, et me semble constituer un des traits caractéristiques de la longue histoire hydraulique du Haouz. Même la colonisation, avec la puissance de ses moyens technologiques, a été obligée de s'adapter aux anciens réseaux de l'irrigation gravitaire. Les seules innovations furent la construction d'un petit barrage moderne, celui de Cavagnac (actuellement Lalla Takerkoust), et le bétonnage des seguias.

Ainsi, du XIe au XIXe siècle, la montagne du Haouz est restée présente au cœur même du processus d'évolution socioéconomique et politique de la région sud. Par sa population, par ses richesses hydro-agricoles et par la vitalité de ses industries artisanales, elle a permis à Marrakech de jouer pleinement son rôle de capitale d'empire.

Avec la colonisation a débuté un lent et inexorable processus de marginalisation de la montagne. Les causes de ce processus ont d'abord été humaines : une forte immigration a nourri l'urbanisation côtière et servi au développement des villes européennes (surtout Casablanca). Cette tendance, loin de se ralentir, a connu avec l'indépendance une amplification. Le départ des hommes les plus jeunes, les plus actifs et les plus entreprenants a privé la montagne des bras sans lesquels aucune activité n'est viable : ni la maîtrise de l'eau, ni la protection de la fertilité des terres.

Un autre phénomène est intervenu depuis l'indépendance : la décision de concentrer les investissements de l'Etat dans les périmètres irrigués et de privilégier la grande hydraulique. Dans la plaine du Haouz, les résultats de cette politique ne se sont fait sentir qu'à partir du début des années 1980, où la plus grande partie des équipements hydro-agricoles a été achevée (barrages, canal de la Rocade, canal T2...). Bien que le projet d'aménagement remonte à la fin des années 1920, il a fallu plusieurs décennies pour vaincre la résistance de l'hydraulique traditionnelle.

Une des conséquences de ces aménagements modernes est la perte de l'homogénéité des espaces hydrauliques du Haouz. Une nouvelle culture de l'eau a émergé dans la plaine, basée sur l'exploitation des eaux des barrages et l'usage des techniques sophistiquées de l'irrigation localisée. Sur le plan du management de l'eau, une gestion bureaucratique s'est substituée aux anciennes solidarités villageoises et tribales.

Si, dans le passé, l'hydraulique de la plaine de Marrakech reposait essentiellement sur l'exploitation des ressources non utilisées par les gens de la montagne, désormais, la priorité est donnée aux villes, où se concentre progressivement la plus grande partie de la population. Grâce à la puissance des barrages, plus de 1 milliard de mètres cubes d'eau sont drainés annuellement au profit de l'urbanisation et de l'agriculture irriguée des plaines. Ces ressources mobilisables représentent une véritable hémorragie et expliquent pourquoi le fameux château d'eau de l'Atlas n'arrive plus à subvenir aux besoins des habitants qui vivent pourtant à proximité des oueds et des sources d'eau.

L'absence d'une politique spécifique de la montagne et l'orientation des investissements vers les périmètres modernes expliquent, en gros, la marginalisation de l'espace montagnard du Haouz. Ce dernier est devenu le refuge d'une population vivant, dans sa majorité, en économie de survie ; une population en proie à la pauvreté et à l'analphabétisme, qui ne maintient ses activités qu'au prix d'un labeur surhumain. Si les tendances passées et actuelles se poursuivent, c'est l'ensemble de l'écosystème qui sera menacé de dislocation et d'une dégradation irréversible.

Pourtant, malgré ses veines ouvertes, la montagne n'a pas succombé à ses blessures. Elle garde un certain dynamisme grâce aux revenus extérieurs, à l'horticulture, à l'élevage et au tourisme. La maîtrise de l'eau continue à animer la vie économique de la montagne et à entretenir la beauté des paysages en terrasses du Haut-Atlas. Tous ces éléments permettent de s'interroger sur le devenir de l'hydraulique de montagne et sur les perspectives qu'elle ouvre pour une gestion durable de l'écosystème montagnard.

Quel devenir pour l'hydraulique de montagne ?

Les zones *bour* (non irriguées) et les zones de montagne ont constitué les parents pauvres de la politique agricole du Maroc indépendant. L'action de l'Etat étant presque entièrement dirigée vers la réalisation des programmes de construction des barrages, on n'a pas réfléchi aux moyens susceptibles d'intégrer les apports de l'irrigation dite traditionnelle. D'ailleurs, cette dernière a été considérée comme un facteur de blocage de la modernisation du monde rural. Et l'on s'est mobilisé partout pour la faire disparaître.

Le plan 1965-1967, en consacrant l'essentiel des ressources financières publiques aux grands périmètres d'irrigation, ne réservait que quelques subsides à la "petite hydraulique" dans le cadre des chantiers de la promotion nationale. C'est dire que, dès le départ, la logique qui a prévalu dans le traitement de ce secteur était une logique d'assistance, et non pas une logique de développement.

Il aura fallu attendre le début des années 1980 pour commencer à voir la réalisation de programmes d'amélioration de la petite et moyenne hydraulique, grâce à l'appui financier de la Banque mondiale. Avec le recul, on voit que ces programmes n'ont pas rompu fondamentalement avec la logique d'assistance. Bien qu'ils soient utiles et nécessaires, ils auraient gagné à être intégrés dans le cadre d'une véritable stratégie de l'aménagement hydraulique, surtout dans les zones de montagne.

Aujourd'hui, dans l'espace qui relève de l'intervention de la direction provinciale de l'Agriculture (DPA) du Haouz, la petite et moyenne hydraulique représente un potentiel non négligeable, qui s'étend sur près de 47 000 hectares. Les zones aménagées sont estimées à 10 000 hectares, soit 20 % du total. Les 85 périmètres ainsi que l'important linéaire de seguias bétonnées (160 kilomètres) et de murs de protection des terres agricoles (4,2 kilomètres) donnent une idée de l'effort accompli et des réalisations physiques.

Cependant, pour développer pleinement le patrimoine hydraulique de la montagne du Haouz, une nouvelle approche est nécessaire. Il faudra d'abord rompre avec la logique d'assistance qui a prévalu jusqu'à présent, responsabiliser les paysans et les amener à agir dans le cadre de rapports contractuels. Un bilan de l'action de l'Etat dans le secteur de la petite et moyenne hydraulique de montagne est nécessaire pour déterminer les besoins et les facteurs de blocage. On doit également se débarrasser des vieux réflexes qui consistent à étendre aux zones de montagne les schémas d'aménagement hydraulique propres aux plaines, et cesser de mesurer le progrès uniquement en fonction des tonnes de ciment consommées pour réaliser des ouvrages hydrauliques.

Toute action ou stratégie de mise en valeur hydro-agricole doit tenir compte des spécificités de l'écosystème montagnard et de sa fragilité (relief accidenté, insuffisance du débit en période d'étiage, érosion, inondations, sécheresses…). Elle doit intégrer l'histoire hydraulique comme dimension fondamentale de la réflexion à mener sur le modèle du "ménagement" de la montagne – un modèle à construire avec la participation des populations locales, en partant des réalités du terrain et en imaginant des solutions capables à la fois de dynamiser l'espace montagnard et de l'ouvrir, sans le dénaturer, à des horizons plus larges (la région, le pays, le monde…).

III. LES *KHETTARA* DE MARRAKECH : UN PATRIMOINE A PRÉSERVER

On a dit de l'Egypte qu'elle fut un don du Nil. Et l'on est tenté, s'agissant d'une ville comme Marrakech qui n'est parcourue par aucun grand fleuve, de dire qu'elle fut aussi le don de ses *khettara*[1]. Mais l'idée de gratuité, de manne du ciel et de richesse acquise sans effort qu'évoque le mot "don" nous empêche de l'utiliser à propos d'une ville qui a réussi, sur la durée du temps long, à étendre patiemment un des réseaux les plus denses de galeries drainantes souterraines. En scrutant la carte des *khettara* élaborée au début de l'époque coloniale (années 1930), l'on se rend compte de l'énorme travail cristallisé et des dépenses occasionnées par la construction du réseau hydraulique souterrain de Marrakech. Ce réseau, bâti à main d'homme comme les pyramides d'Egypte, force aujourd'hui

1. L'étymologie du mot *khettara* renvoie, chez les lexicographes arabes, au puits à balancier (cf. Ibn Mandhûr, *Lisân al-'Arab*, éd. Dâr Sâdir, Beyrouth – verbe *khatara*). C'est sous cette acception aussi qu'on le trouve dans le traité agronomique d'Ibn al-'Awwâm (cf. *Le Livre de l'agriculture*, éd. Actes Sud / Sindbad, 2000). Outre cette signification première, le mot *khettara* a désigné également au Maroc le système des galeries drainantes souterraines.

l'admiration et donne à la capitale du Sud l'apparence d'une cité assise sur un océan d'eau douce.

De quand date le réseau hydraulique de Marrakech et de sa région ? Comment s'est-il formé ? Comment a-t-il évolué dans le temps ? Et quel est son devenir ?

Pour répondre à ces questions, nous examinerons l'évolution de ce système de mobilisation des eaux souterraines depuis la fondation de Marrakech (en 1071) jusqu'à nos jours. Privilégier la longue durée dans l'approche des techniques hydrauliques dites "traditionnelles" permet non seulement d'expliquer leur permanence malgré les tentatives de les faire disparaître, mais aussi de comprendre tout l'intérêt que nous avons aujourd'hui à les considérer comme une partie intégrante de notre patrimoine. Ce changement d'attitude est nécessaire pour initier un ambitieux programme de restauration et de sauvegarde de ce qui reste vivant dans cet héritage technologique, et le développer au profit des communautés paysannes et du tourisme culturel.

Naissance et évolution des khettara *de Marrakech (1100-1912)*

En ce qui concerne la fondation du réseau des galeries drainantes souterraines de Marrakech, nous disposons du témoignage irremplaçable de l'historien et géographe arabe Al-Idrîsî, qui fait remonter la construction de la première *khettara* à l'époque du calife almoravide Ali ibn Yûsuf (1106-1143) : "L'eau de la ville qui sert à irriguer les jardins, écrit-il, fut obtenue grâce à l'exploitation d'un système ingénieux mis en œuvre par 'Ubayd Allah ibn Yûnus al-Muhandis. La réalisation de cet artifice fut facilitée par l'existence d'une nappe d'eau très proche de la surface du sol. 'Ubayd Allah ibn Yûnus al-Muhandis (l'ingénieur) est venu à Marrakech après sa fondation, à un moment où on ne trouvait dans la ville qu'un seul jardin qui était la propriété d'Abû l-Fadl, le serviteur du Prince des Croyants dont nous avons parlé (c'est-à-dire Ali ibn Yûsuf).

L'ingénieur se dirigea vers la partie la plus élevée du terrain qui dominait le jardin. Il y aménagea un puits carré de larges dimensions, d'où il fit partir, pour couler à la surface du sol, une canalisation souterraine creusée en continu. Aidé par l'usage d'un niveau, il alla ainsi en direction de la partie aval, creusant de haut en bas et progressivement jusqu'à ce que l'eau apparaisse à l'air libre et arrive au jardin pour y couler nuit et jour, sans interruption. Pourtant, lorsqu'un observateur scrute le terrain, il ne remarque pas une différence de hauteur suffisante pour justifier la sortie de l'eau des profondeurs et son apparition à la surface. Seul un connaisseur peut comprendre le principe de fonctionnement de cette technique d'exploitation des eaux souterraines. Et ce principe tient essentiellement au bon nivellement du terrain[1]."

Grâce au témoignage d'Al-Idrîsî, on comprend combien la construction de la première *khettara* de Marrakech fut une œuvre de haute technicité. Le choix du site, les proportions du puits mère et l'utilisation des instruments de nivellement, tous ces aspects montrent – un siècle après la publication du manuel hydraulique d'Al-Karajî – que la création des galeries drainantes souterraines était encore dans le monde arabo-musulman une profession spécialisée, exercée essentiellement par des techniciens et des hommes de métier.

Al-Idrîsî est également très précis en ce qui concerne l'identité de l'ingénieur qui contribua à introduire la technique des *khettara* à Marrakech : il s'agit bien de l'ingénieur arabe 'Ubayd Allah ibn Yûnus, originaire d'Al-Andalus. Cet ingénieur fut largement récompensé par le calife almoravide qui "lui donna de l'argent, des habits et le combla de cadeaux pendant la durée de son séjour à la cour".

"Les habitants de Marrakech, ajoute Al-Idrîsî, ayant compris l'intérêt de cette réalisation, se sont mis à creuser la terre pour en extraire l'eau et la conduire à leurs jardins. Le mouvement fut tel que les jardins et les vergers se sont multipliés. Ce qui a contribué au peuplement de la ville et à son embellissement[2]."

Les sources historiques sont souvent muettes lorsqu'il s'agit de dater les événements techniques. Mais, dans le cas de Marrakech, nous avons donc la chance de pouvoir situer exactement l'époque du transfert de cette technologie orientale et de connaître l'ingénieur qui fut à l'origine de sa diffusion.

Si le caractère urbanisateur de la *khettara* paraît évident dans ce témoignage, retenons également, parmi les facteurs de réussite de cet appareillage hydraulique, un certain nombre de performances techniques qui permettent d'assurer un débit dix fois supérieur à celui de la *sâniya* (machine à godets) et d'arroser au moins quinze fois plus de terres.

1. Al-Idrîsî, *Le Maghreb au XIIe siècle d'après Nuzhat al-Mushtâq*, texte établi et traduit en français par Hadj Sadok, éd. Publisud, Paris, 1983, p. 67.
2. *Ibid.*

On comptait à cette époque une cinquantaine de galeries qui avaient nécessité un investissement de plus d'un million de journées de travail et fait appel à des centaines de spécialistes (hydrauliciens, géomètres, niveleurs) et de terrassiers. Tout un quartier fut édifié dans la médina de Marrakech (Dchar Todgha) pour assurer la réalisation et le suivi technique de cette entreprise colossale. On estime à 20 000 le nombre d'hectares irrigués par ce premier réseau de canalisations souterraines.

Les souverains almohades étaient des bâtisseurs à la fois de *khettara* et de seguias régionales. Ils ont accompli dans le domaine de l'hydraulique un effort impressionnant. Cependant, après cette période de grands travaux, il faudra attendre l'avènement de la dynastie des Saâdiens pour pouvoir parler à nouveau de renaissance et de développement du réseau des galeries drainantes souterraines à Marrakech.

On note ainsi au XVIe siècle le rôle important qu'a joué la technologie des *khettara* dans l'extension de l'urbanisation de Marrakech. La construction de la *khettara* Mouassine, par exemple, fut à l'origine du développement du quartier du même nom et de son alimentation en eau potable.

Le génie des dynasties qui se sont succédé à Marrakech a consisté surtout à conserver et entretenir ce précieux héritage technique. On sait combien le réseau hydraulique est sensible à des soins prodigués au jour le jour, à l'attention permanente des hommes, bref, à tous ces gestes répétés et au travail soutenu qui conduit l'eau là où l'on a le plus besoin de son apport.

La dernière grande entreprise de restauration de l'équipement hydraulique de la ville et de sa région est intervenue aux XVIIIe-XIXe siècles. Les souverains alaouites ont reconquis l'eau confisquée par les tribus, régénéré l'ensemble des vergers impériaux et remis en état de fonctionnement tout le réseau de captage et de distribution des eaux par les *khettara*.

En fait, durant toute la période précoloniale, la question hydraulique se réduisait souvent à la rivalité entre l'Etat et les tribus, à la compétition entre ces deux formes de pouvoir pour accaparer les ressources hydrauliques de la région. Le protectorat français (1912-1956) va introduire un personnage nouveau : le colon, qui deviendra un élément-clef dans la lutte séculaire pour l'accaparement et le partage des eaux[1].

1. M. El Faïz, *Les Jardins de Marrakech*, *op. cit.*

Les khettara *à l'époque du protectorat (1912-1956)*

A Marrakech, les débuts de la colonisation vont être marqués par une forte compétition entre les colons pour s'emparer des ressources encore disponibles de la nappe phréatique. L'échec des recherches menées pour trouver des eaux artésiennes et la difficulté d'ériger des barrages de grande capacité dans le Haouz ont fait de l'exploitation des eaux souterraines un objectif prioritaire des programmes coloniaux de mise en valeur agricole.

Martin, ingénieur des Ponts et Chaussées et initiateur de la politique des grands barrages-réservoirs, fut réduit dans un premier temps à composer avec l'héritage technique du Maroc traditionnel. Il trouva dans la vieille hydraulique du Haouz le moyen de satisfaire les nouveaux besoins de la colonisation.

Dans une étude réalisée en 1927, l'auteur note l'existence de plus de 300 *khettara* sur un front de 30 kilomètres de part et d'autre de Marrakech, surtout au sud et à l'est. Il résume de la façon suivante les inconvénients de cette technologie ancestrale : faiblesse des débits, galeries de captage peu étendues par rapport aux galeries de conduite, pénétration peu profonde dans la nappe et, enfin, puits rapprochés et infiltrations qui entraînent l'éboulement et la ruine des *khettara*.

Pour pallier ces inconvénients, Martin proposait un ambitieux programme de rénovation et de création de *khettara* modernes. Celles-ci seraient désormais construites pour de gros débits (au moins 100 litres par seconde), avec 4 à 5 mètres de pénétration dans la nappe phréatique, des puits peu espacés et fermés, le tout étant réalisé au profit de syndicats d'usagers[1].

Ce qui rendait la technique des *khettara* attrayante aux yeux des techniciens de la colonisation, c'était sa compétitivité par rapport aux pompages modernes et la régularité de ses débits – une régularité qui s'avérait intéressante pour promouvoir les cultures d'exportation, surtout l'agrumiculture.

"Il faudra, écrit M. Martin, essayer de gêner le moins possible les nombreuses *rhetaras (sic)* existantes (ce qui ne pourra se faire qu'en partie) tout en cherchant à donner satisfaction aux nombreuses demandes de *rhetaras* qui vont être faites ou qui sont attendues. La colonisation a été surtout concentrée aux abords de Marrakech et nous avons déjà exposé qu'il avait été reconnu *nécessaire* d'entreprendre trois grosses *rhetaras*. En

1. M. Martin, "La question hydraulique dans la région de Marrakech", in *Revue de géographie du Maroc*, 1927.

outre, il sera non pas nécessaire, mais *utile* de laisser créer d'autres *rhetaras* pour améliorer encore la situation des lotissements ou des domaines appartenant à des sociétés (plusieurs demandes viennent de nous être adressées et nous savons que d'autres sont en préparation)[1]."

Pour atteindre cet objectif, il a fallu mettre au point un plan d'ensemble visant à garantir et à sauvegarder les droits des tiers dont les *khettara* risquaient de tarir du fait de la surexploitation de la nappe. L'intervention de l'administration consistait essentiellement à suivre périodiquement le niveau de l'eau dans des puits témoins répartis uniformément dans toute la zone concernée et à contrôler régulièrement le débit des *khettara* en service. Ainsi, lorsqu'une baisse générale dans le niveau des puits coïncidait avec le creusement de *khettara* à l'amont, la baisse des débits était attribuée à l'édification des nouvelles galeries.

Martin proposait, pour finir, un amendement de la législation des *khettara* (prévue par le dahir du 1er août 1925 sur le régime des eaux), dans un sens qui garantisse la sécurité des nouveaux investissements. Son programme prévoyait la création de trois grandes *khettara* : Aghouatim (100 litres par seconde), Targa (150 litres par seconde) et Agdâl (150 litres par seconde).

La confrontation de l'offre et de la demande de l'eau durant le protectorat permet de constater l'importance des *khettara* pour couvrir les besoins de la ville de Marrakech. Mais les ressources des *khettara* traditionnelles (27 litres par seconde) semblent assez limitées, comparées au débit des galeries drainantes construites à grands frais par l'administration coloniale (210 litres par seconde)[2].

On peut donc constater que jusqu'à la fin du protectorat, les choix techniques des ingénieurs de la colonisation dans le Haouz ont permis au système ancestral des *khettara* de survivre – mais pas pour longtemps, car l'introduction des motopompes, envisagée au départ comme moyen palliatif, finira par devenir le principal facteur d'épuisement de la nappe phréatique.

Il ne faut pas non plus sous-estimer le rôle de la fraction des ingénieurs la moins ouverte à l'idée de l'intégration des techniques "traditionnelles" dans la stratégie de développement agricole. Beaucoup de ses partisans clamaient ouvertement

1. *Ibid.*, p. 67.
2. Cf. M. El Faïz, *Les Jardins de Marrakech*, *op. cit.*, p. 126.

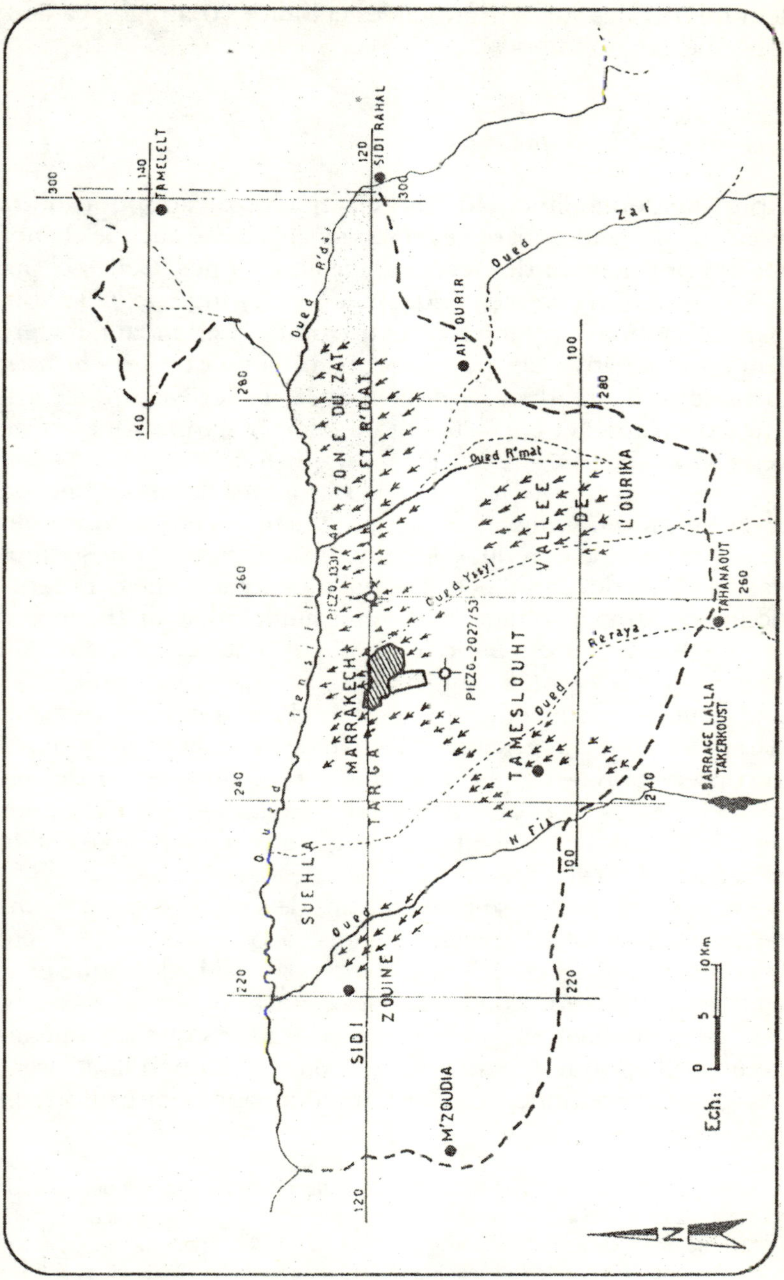

Les *khettara* dans la plaine du Haouz.

(Source : P. Pascon.)

leur foi dans les solutions frontales et lourdes (barrages, canaux bétonnés, motopompes...)[1].

Depuis l'indépendance

Après l'indépendance du Maroc (en 1956), l'adoption de la politique des grands barrages-réservoirs n'a laissé aucune chance au développement des technologies anciennes. Celles-ci ont été considérées comme condamnées, et les ingénieurs se sont partout mobilisés pour les faire disparaître. Cependant, malgré l'attitude négative des aménageurs, on a vu que les *khettara* arrosaient encore, dans les années 1970, 14 % de la surface irriguée du Haouz et exploitaient 60 % de la nappe souterraine (cf. chap. I, p. 123).

Outre les avantages technico-économiques de ce système, on a relevé précédemment le rôle que jouaient les *khettara* pour drainer la nappe et réduire les eaux marécageuses qui se trouvaient à l'est de Marrakech. Ces galeries souterraines ont fonctionné également comme un système autorégulateur, diminuant les prélèvements en période d'étiage et les augmentant au moment de la montée du niveau de la nappe. La fixation des populations et leur sédentarisation, le développement des solidarités du fait de la gestion collective de l'eau, la contribution à la conservation des espèces aquatiques (mollusques, crustacés, plathelminthes...) et au maintien des paysages caractéristiques de la Palmeraie sont autant d'avantages qu'on oublie souvent de citer à l'actif du système des *khettara* de Marrakech.

Par ailleurs, les bâtisseurs marocains de seguias et de *khettara* ne cherchaient pas à dominer la nature ni à s'y opposer de manière frontale. Leur souci était d'exploiter le potentiel hydraulique existant, sans l'épuiser ni condamner ses chances de renouvellement.

C'est probablement pour toutes ces raisons que les aménageurs de l'époque coloniale et du Maroc indépendant furent obligés d'abandonner le rêve d'un aménagement californien

1. On se limitera ici à citer deux exemples qui illustrent ce point de vue : celui de Michel Ecochard, qui annonçait avec triomphalisme la disparition prochaine de la seguia au profit du canal en béton et de la dérivation ancienne au profit du barrage moderne (cf. "L'économie marocaine traditionnelle : les anciens réseaux d'irrigation du Maroc", *loc. cit.*, p. 81), et celui de Jean Margat qui condamnait plus ouvertement les *khettara* du Tafilalt (cf. "Les recherches hydrogéologiques et l'exploitation des eaux souterraines au Tafilalt", in *Mines et géologie*, n° 4, 1958).

du Haouz et de composer avec une société hydraulique spécifique, pétrie par une pratique millénaire de l'irrigation gravitaire et du tour d'eau traditionnel. Quatre-vingt-dix ans d'efforts pour propager la rationalité moderne et "faire table rase du passé" ne sont pas venus à bout de la vieille hydraulique du Haouz. Celle-ci, bien qu'amputée de ses solidarités tribales et affaiblie par les pompages modernes, continue encore aujourd'hui à occuper le terrain et à lutter pour sa survie. Mais en l'absence d'un programme de sauvegarde et d'amélioration, ses jours paraissent comptés.

Si, hier encore, le nombre des *khettara* était évalué en centaines, aujourd'hui elles ne sont plus que quelques dizaines. Le rythme de leur destruction s'est surtout accéléré durant les deux dernières décennies. Plusieurs facteurs y ont contribué, qu'on peut résumer dans deux faits essentiels : d'une part, la surexploitation de la nappe phréatique par un pompage moderne souvent illégal et anarchique. Au moment de la fondation de Marrakech, le niveau de la nappe phréatique se situait à 5 mètres de profondeur. Il dépasse aujourd'hui, à certains endroits, 100 mètres. D'autre part, parallèlement à l'action mécanique du pompage, l'urbanisation conquérante n'a fait aucun cas de ces installations hydrauliques. Dans l'esprit des architectes, des urbanistes, des aménageurs, les *khettara* sont condamnées et encombrent les terrains à lotir. Et l'on se mobilise partout pour les combler, les daller et les faire disparaître.

Pour un plan de sauvegarde des khettara

A l'heure où l'œuvre de destruction est presque achevée, il reste quelques *khettara* vivantes pour la sauvegarde desquelles un plan d'urgence doit absolument intervenir. Il faut évidemment mener une action de longue haleine et combler le vide juridique existant en considérant certaines *khettara* de Marrakech, surtout les plus anciennes, comme des monuments historiques. En attendant l'intervention de ces mesures, il est du devoir des municipalités, de la communauté urbaine, de l'Agence urbaine et de tous les gestionnaires de la ville de mobiliser les moyens nécessaires pour :

– réaliser un inventaire des *khettara* existantes ;

– obliger la promotion immobilière publique et privée à tenir compte du tracé des galeries drainantes souterraines et à ne plus les combler de façon systématique ;

– sélectionner les *khettara* qui représentent un intérêt du point de vue de l'histoire, de l'art ou de leurs usages et procéder à leur classement parmi la liste du patrimoine culturel marocain.

N'oublions pas que les quelques *khettara* vives qui se trouvent encore à l'intérieur du périmètre urbain sont des gisements d'emplois pour la population de la ville. Elles constituent aussi des organismes producteurs de richesse horticole et de valeurs paysagères. Les faire disparaître revient non seulement à condamner les rares espaces verts qui subsistent à Marrakech, mais aussi à jeter dans la marginalité sociale toute la population des usagers qui vivent de leurs ressources.

CONCLUSION

MARRAKECH DEMAIN : AVEC OU SANS PATRIMOINES ?

Au terme de ce livre et compte tenu de l'accélération du rythme de destruction des vestiges et savoirs du passé, c'est cette question qui nous a paru la plus importante à poser. L'essentiel aujourd'hui, à l'heure de la mondialisation et des nouvelles technologies, est de comprendre que le plus grand avantage compétitif de Marrakech réside dans la valorisation de ses patrimoines. L'avenir même de la ville dépendra de la manière dont elle réussira à intégrer ses héritages urbains, ruraux et montagnards dans une stratégie de développement régional durable. Pour trouver des exemples de réussite en la matière, il suffit de regarder du côté du Détroit, à quelques kilomètres de notre frontière maritime. Grenade, la ville jumelée avec Marrakech, a instauré depuis longtemps un dialogue intelligent et fructueux avec son hinterland, la *vega*, et sa montagne, les Alpujarras. Le patrimoine culturel a constitué dans l'Andalousie – avec laquelle nous avons huit siècles d'histoire commune – un des axes majeurs de la dynamique régionale. Une étude comparative pourra dégager les points forts de cette expérience et ouvrir la voie à une nouvelle approche des rapports entre Marrakech et son Haouz.

En attendant, le plus urgent, actuellement, est d'arrêter la hache des démolisseurs, d'agir avec énergie et détermination pour juguler la vague du vandalisme patrimonial, d'intervenir, en somme, pour museler la bête féroce et hideuse de la spéculation. Celle-ci ne rêve que d'une chose : dévorer les derniers témoins verts de la Cité-Jardin afin de satisfaire son appétit démesuré pour les profits à court terme.

La plus grande catastrophe qui puisse arriver à une ville historique, classée de surcroît "patrimoine de l'humanité", c'est de confier son destin à des individus sans culture, hormis celle des agios, à des individus qui ont juré de ramener Marrakech et ses habitants à la période d'avant la construction almoravide (XIe siècle), au temps où son emplacement était un désert étouffant et inhospitalier.

Beaucoup d'éléments dans la situation d'aujourd'hui nous poussent à nous résigner, à laisser périr, sans état d'âme, la rose d'hier et ses palmiers. On veut nous convaincre de capituler, de jeter la plume et l'encrier ou, pour parler le langage de la modernité, de briser les touches de nos claviers. On nous dit que nous sommes encore naïfs pour continuer à croire au pouvoir des mots, que le combat pour la Palmeraie et pour l'architecture domestique est un combat d'arrière-garde et "qu'on n'arrête pas le progrès" !

Mais, enfin, de quel progrès s'agit-il ? Est-ce celui qui a dévoré les jardins historiques ? Est-ce celui qui a bradé aux premiers venus le patrimoine urbain ? Est-ce celui qui vend sur catalogue et images vidéo l'oasis classée de la Palmeraie ? Est-ce celui qui dénature nos paysages, gomme les traces d'une agronomie humaine ancestrale et engloutit les derniers vestiges de la civilisation de l'eau ?

Pour savoir ce que sera Marrakech dans les vingt ou trente prochaines années, il suffit d'emprunter le nouveau pont construit sur l'oued Tensift et de méditer la leçon d'histoire que donne au voyageur venant de Casablanca la lourde silhouette du palmier en béton qui pare son entrée. Voilà l'avenir que les démolisseurs promettent à nos enfants et aux millions de touristes qui visiteront demain notre ville. Un avenir minéralisé, sans âme et sans poésie. Quand tout sera vendu et clôturé, il ne restera plus qu'à chercher dans les prospectus et les effigies les traces de l'Oasis perdue.

Pour éviter à Marrakech ce destin tragique, il convient d'intervenir dès maintenant pour geler les transactions immobilières dans la médina, dans la Palmeraie et dans tous les sites à haute valeur écologique et patrimoniale. Il faudra en même temps lancer une vaste enquête pour dresser un premier "état des lieux", classer ce qui est à classer et légiférer rapidement afin de protéger le patrimoine où qu'il se trouve.

C'est ce sursaut que nous devons non seulement attendre, mais susciter et provoquer, nous qui refusons que les symboles de notre cité soient réduits à des objets morts et cristallisés ; nous, les passionnés de Marrakech, de son histoire, de ses paysages culturels, bref, de son âme. Même si pour le moment nous n'avons "que de la matière grise" à opposer au rouleau compresseur de la spéculation, n'hésitons pas à peser de tout le poids de nos plumes et de nos mots pour briser le bras des démolisseurs et desserrer l'étau qui étouffe la ville et ses héritages.

DÉPÔT LÉGAL
1re ÉDITION : JUIN 2002
N° d'impression : 02-1287
(Imprimé en France)

OUVRAGE RÉALISÉ
PAR L'ATELIER GRAPHIQUE ACTES SUD
REPRODUIT ET ACHEVÉ D'IMPRIMER
EN MAI 2002
PAR NORMANDIE ROTO IMPRESSION
61250 LONRAI
POUR LE COMPTE DES ÉDITIONS
ACTES SUD
LE MÉJAN
PLACE NINA-BERBEROVA
13200 ARLES